原典から読み解く
日米交渉の舞台裏
日本国憲法は
どう生まれたか？

青木高夫

ディスカヴァー携書
104

はじめに

　私は、日本国憲法をあえて一つのルールと見ることにして、この私たちにとって大切なルールが生まれた過程を当時の英文資料を読みながら探ってみよう、という思いで本書を書き始めました。

　なぜ、そんなことを考えたのか。整理してみると三つ理由があります。
　まず一つ目は、英文を読む楽しさです。しかし、原典となる英文を試験のように「英文解釈」してしまうと味気ない。本来、言葉には必ず背景が存在しますが、その背景を無理やり言葉から切り離してしまうのが「英文解釈」です。ただ、これをやるのでは面白い本は書けそうにありません。
　それならば、逆をやればどうか。解釈の難しい英文でも、背景を理解して読めば意味もわかるし、何より英文を読むことがより楽しくなるに違いありません。これが一つ目の理由。

　二つ目は、原典を読む面白さです。日本語の原典を読むのが楽しいのはもちろんですが、原典が英文であって

も面白いはずです。しかし、外国語の場合、どうしても日本語に訳さざるを得ず、そうなると、原典にあった醍醐味が落ちてしまうことがあります。

　例えば、日本国憲法の「天皇は、日本国の象徴であり、日本国民統合の象徴であって」という部分にある「象徴」という言葉ですが、元々は、GHQが提案した symbol という英語を日本語に訳したもの。そこで、「象徴」という日本語を忘れ、原語の symbol の方を調べていくと、後述しますが、この言葉が使われた背景や世界との繋がりが見えてきてとても興味深い。これが二つ目の理由です。

　そして、三つ目が「ルールはどのように作られるのか」に関する事例を日本国憲法の誕生に求めてみようと考えたことです。
　三つの理由を一つずつ説明していきましょう。

英文を読む楽しさ
　今はこんな例文は使われていないと思うのですが、私が中学生の頃に使った初歩的な英語の教材には、次のよ

うな文章がありました。

Am I a boy ?
私は少年ですか？

　どんな文脈で登場したのかはっきりと覚えてはいませんが、少年のイラストがあり、彼がこの質問を読者に投げかけていたように思います。教材の作者は、"I am a boy." という教えたての文章を疑問形にしたらどうなるかを説明したかったのでしょう。
　しかし、私には、一人の子供がイラストのようにまったく普通の状態で「私は少年ですか？」と尋ねる事態など、およそ現実的だとは思えません。
　もし、あるとしたら、女装をした男の子が冗談を言っているのか、子供扱いされたことに対して「ボクが子供に見えるのか？」と怒っているのか。そんな背景がなくてはならないはずです。

　つまり、実際の文章や言葉は、現実を離れてはあり得ないと思うのです。

誰がどんな事情を背負ってその文章を書いたか、何に対してそんな言葉で言い返したかが大切でしょう。
「英文解釈」と称して、現実から無理やり切り離された英文を日本語に訳す。そんなやり方で、英語を学ぶことの多かった私でしたが、そこにパズルを解く面白さはあっても、人知を学ぶ楽しさはありませんでした。

　本書の第6章では、こんな例文を取りあげています。

If you study a little harder, you will improve your English.

　単純に訳してしまえば、「あなたももう少し勉強すれば、もっと英語がうまくなりますよ」といった感じでしょう。何のことはない英文です。
　しかし、これが外国人に「キミは英語がうまいな」と言われた日本人の返事だと知れば話は別です。また、尋ねた外国人が米国人で、こう答えた日本人が（米国人がコンプレックスを感じるかもしれない）英国はケンブリッジ大学で学んだ人物であるとわかればなおさら面白い。

さらに、その日本人は占領軍との交渉を担当した白洲次郎であると聞くと、より興味が湧いてきます。

　これが、本書のアイデアの発端。つまり、英文を歴史という現実に結びつけて読む楽しさです。
　くり返しますが、実際の文章や言葉は、現実を離れてはあり得ないのです。
　どんなに難解な英文でも、その背景がわかった途端に言葉が急にカラフルになって、言葉のある情景が浮かんでくる。そして、書き手、話し手の思いがだんだんとわかってきます。
　学問というのは、本来そうしたものではないでしょうか。

原典を読む面白さ
　本書の第3章では、GHQの総帥であるマッカーサーが新しい日本の憲法の原則を示す部分を取りあげました。原則の一番初め、天皇の地位に関する内容はこんな文章です。

Emperor is at the head of state.

「天皇は国家元首の地位にあること」と訳せば良いと思いますが、is の後に at が続くことで「天皇は国家元首（そのもの）である」という意味ではなくなります。前述した背景、ここでは日本史的な背景になりますが、それを考えると、この at にマッカーサーの意図する天皇のあり方が込められているような気がします。このあたりの機微は、是非、本文でお楽しみください。

　この文章を「天皇は象徴になる」と訳した資料もあるのですが、間違いではないにせよ、これは「訳し過ぎ」。原典から離れてしまう。

　歴史学や図書館学に「一次資料」という言葉があります。オリジナルな情報・知識を提供する資料のことで、この一次資料に基づいて作成された「二次資料」とは区別されます。

　前述の英文に当てはめた場合、"Emperor is at the head of state." は「一次資料」ですが、これを日本語にしたり、「象徴になる」と意訳したりすれば、この文章

がどんどん「二次資料」化していくことになります。

　この「象徴」という言葉は symbol という英語の和訳なのですが、英語のsymbolで調べてみると、マッカーサーが憲法の原則を示した日（2月3日）の約1週間前（1月26日）に、GHQがこの言葉を使っていることがわかります。本国に送られた電信に出ているのです。

He is a **symbol** which unites all Japanese. Destroy him and the nation will disintegrate.
彼は日本人を統合するシンボルである。その人物を斥けることは、国家の崩壊につながるのではないか。

　さらに、その symbol を皇室、王室に対して使った起源を探っていくと、英国のウェストミンスター憲章にたどりつきます。

... the Crown is the **symbol** of the free association of the members of the British Commonwealth of the Nations ...

王位は英連邦諸国の自由な結束の象徴である

　GHQで日本の憲法草案作成に従事した人たちは、さまざまな文献を調査していますから、symbol という言葉のヒントはここにあったのかもしれません。

　小説でも研究調査でも、外国語の資料を参照する場合、通常、日本語に訳されたものを使わざるを得ません。したがって、実際に「一次資料」がフルに活用されているとは言い難いように思えます。
　しかし、「象徴」という言葉一つを取っても、これをsymbol という原語にして「一次資料」、つまり、原典をあたれば、さまざまな資料に巡り合うことができます。これは学ぶことの楽しさです。

　そして、これらが本書のアイデアを培養してくれた原典を読む楽しさでもあります。

ルールはどのように作られるのか
　最後に、三つめの「ルールはどのように作られるのか」

に関する理由ですが、私の研究テーマであるルールメーキング論の事例として、日本国憲法が生まれる過程を選んでみたということなのですが、これはちょっとした冒険でした。しかし、こうして「はじめに」を書いている今、この選択は正解であったと確信しています。

　ただし、その理由をここで述べるのはやめて、まずは読者の皆さんに本文をお読みいただこうと思っています。続きは「あとがき」のところで書かせてください。

　中途半端な「はじめに」になってしまいましたが、まずは本文をお楽しみいただけたらと思います。英文を読む楽しさ、そして、原典を読む楽しさを皆さんに味わってもらえることが一番の喜び。これが今の私の正直な気持ちでもあります。

原典から読み解く日米交渉の舞台裏
日本国憲法はどう生まれたか？　目次

はじめに ………………………………………………………………… 3
プロローグ ……………………………………………………………… 17

第1章　登場人物
Ⅰ. 日本側の登場人物 ………………………………………………… 23
Ⅱ. 米国側の登場人物 ………………………………………………… 29

第2章　降伏と改憲
Ⅰ. 7月26日　ポツダム宣言の公表 ………………………………… 37
Ⅱ. 8月14日　宣言受諾の申し入れ ………………………………… 43
Ⅲ. 10月11日　マッカーサーが改憲を示唆 ………………………… 49
Ⅳ. 10月25日　憲法問題調査委員会の発足 ………………………… 52
Ⅴ. 12月27日　モスクワ宣言 ………………………………………… 54
Ⅵ. 1月1日　天皇詔書 ……………………………………………… 55
Ⅶ. 1月11日　SWNCC228 …………………………………………… 57

第3章　改憲への道
Ⅰ. 極東委員会メンバーの来日 ……………………………………… 65

II. GHQと作戦	66
III. 2月1日のメモランダム	70
IV. 2月2日のメモランダム	80
V. マッカーサーの改憲原則	88
VI. 2月6日のチェックシート	97

第4章　2月13日の会談

I. 会談の流れ	106
II. 二つの記録	108
III. 誰に向けての会談記録か	109
IV. GHQの二枚舌	120
V. 日本側の受け止め方	123
VI. 脅迫的な言いぶり	126

第5章　ジープウェイ・レター

I. 導入部	138
II. 第2パラグラフ	141
III. 第3パラグラフ	145
IV. 第4パラグラフ	148
V. 人称代名詞の使い方	151
VI. 第5パラグラフ	155
VII. クロージング	157

第6章　攻防
- Ⅰ．ホイットニーの返書……164
- Ⅱ．国務相のメモランダム……174
- Ⅲ．幣原首相の決断……181

第7章　逆襲と敗退
- Ⅰ．草案「趣旨」の承認……187
- Ⅱ．なぜ明治憲法を基礎にできないのか？……189
- Ⅲ．改憲の発議の問題……192
- Ⅳ．憲法前文の取り扱い……195
- Ⅴ．もう一度、原則について……200
- Ⅵ．敗退……202

第8章　日本国憲法の成立
- Ⅰ．憲法要綱の公表まで　－日本－……209
- Ⅱ．独走の後始末　－米国－……218

エピローグ	231
あとがき	237
参考文献	242
画像出典	244

資料　GHQ草案 1946年2月13日	245

プロローグ

　東京駅からメトロを乗り継いで20分、南北線の六本木一丁目駅で降りて10分ほど歩くと、高層マンション街の中、サウジアラビア大使館の隣にアーク八木ヒルズという建物が見えてきます。第4章でも触れますが、この建物の正面右手に石碑が建てられており、そこには「日本国憲法草案審議の地」と刻まれています。

　今日は休日。この界隈は人通りも少なく、石碑は昨今の改憲に関わる報道が嘘であるかのようにぽつんと佇むのみです。

　1946年2月13日、当時、外務大臣公邸のあったこの場所で、マッカーサー元帥の幕僚であるホイットニー准将（後に少将）は、突然、吉田外相以下、日本政府のメンバーに自ら作成した日本の憲法草案を手渡しました。日本側が驚いたのは言うまでもありません。これが今、私たちの憲法の基になった草案、巻末の資料をご参照ください。

　政府のメンバーとしてこの会談に出席、その後もホイ

ットニーらとの交渉を続けた終戦連絡中央事務局参与（後に次長）の白洲次郎は、1964年、政府の調査会が作成した憲法制定に関わる報告書が公表になると、自身のエッセイにこんな一節を載せます。

　この憲法は占領軍によって強制されたものであると明示すべきであった。
　　　　　　　　　　　白洲次郎『プリンシプルのない日本』

　時を1946年に戻しましょう。この憲法に関する調査のために3ヶ月間日本に滞在し、昭和天皇や憲法改定の当事者たちとの会談を重ねた米国の日本学の泰斗、ケネス・コールグローブは、この年の7月、トルーマン大統領への手紙でこんな報告をしています。

　General MacArthur's policy toward the drafting of the new Japanese Constitution has been both timely and wise.
「マッカーサーの憲法草案作成に対する方針は、時宜を得ており、また賢明であった」

　歴史に関する理解はさまざま。白洲次郎とケネス・コールグローブの「どちらが正しいか」という見方は、きっと誤った考えなのでしょう。

プロローグ

　私は歴史学者でも憲法学者でもなければ、語学の専門家でもありません。単なる、一ビジネスパーソン。今日の憲法ができるに至る間の日米交渉を描くのは簡単ではないと思います。その反面、ビジネスパーソンの視点でこの課題に取り組むのも新鮮だろうという自負もあります。

　頼りにできるのは、ビジネスの交渉で得たノウハウといささかの英語力、業務で身に付いた現物・現場主義。タイトルに「原典で読み解く」と付けたのは、現物、つまり原典である一次資料のみを頼りにしようという覚悟の表明です。

　この物語を書き終えた頃に、また「日本国憲法草案審議の地」という現場に戻り、先ほどの「どちらが正しいか」という見方がなぜ誤っているのかについて、もう一度考えてみたいと思っています。

　長い物語になりますが、おつき合いをいただければ幸甚です。

第1章
登場人物

❖　　❖　　❖

　「クセのある人物」という評価に一定の基準はないのでしょうが、これからの物語に登場するのは、やはりクセのあると言うべき人物です。
　「我われは戦争に負けたが、奴隷になったわけではない」と言ったのは登場人物の一人、白洲次郎ですが、ここにご紹介する日本人は皆、奴隷になるどころか、敗戦の屈辱を必死にこらえて立ち上がろうとする猛者たちです。
　米国側、つまり「GHQ（連合国軍最高司令官総司令部）」はどうかというと、大将株のマッカーサー以外は、弾雨をくぐった現場指揮官というより、軍政に長けた能吏タイプの軍人。しかし、米国の建国理念を精神的なバックボーンとし、ルーズベルト大統領の進めたニューディール政策を信奉する理想主義者たちです。

　さて、まずは主な登場人物をご紹介することから物語を始めていきましょう。

Ⅰ. 日本側の登場人物

1. 幣原喜重郎
（1872年9月13日 – 1951年3月10日）

　太平洋戦争を降伏という形で終焉させたのが、海軍出身の鈴木貫太郎首相。彼は戦争の幕引きをして辞任します。次の首相が、皇族出身の陸軍大将であった東久邇稔彦王。その次が、これからの物語の期間を通じ、ほぼ首相であり続けた幣原喜重郎です。

　1872年、現在の大阪府門真市の生まれ。この物語のクライマックスは1946年初頭ですから、当時の年齢は73歳です。首相に指名された時に「まだ生きていたのか」という声があったといいますから、当時としては、かなり高齢の宰相。次に登場する吉田茂にとっては外務官僚としての先輩です。

　幣原内閣は、新憲法の姿が世に現れた後に行われる、1946年4月の総選挙の結果を受け、翌5月に総辞職しますが、彼はその後、衆議院議長になり、議長在任中の

1951年に死去しました。内閣総理大臣と衆議院議長を務めた日本人は彼一人です。

　海外留学の経験はありませんが、英語は非常に堪能。会話のセンス、ユーモアへの機転も抜群であったようです。理想を掲げ、その実現のために肉を切らせて骨を断つ式の政治家というよりは、穏健な交渉姿勢、外交のセンスでトップに登りつめた人物という印象を受けますね。「幣原外交」という言葉がありますが、これもそんなスタイルの表れでしょう。

　彼の英語の勉強法は、ひたすら英字新聞の記事を翻訳し、さらにそれを英語に逆翻訳するのをくり返すというユニークな手法。コツコツと努力をして英語を身に付けたようで、テストでも満点を取るタイプでしょう。
　語学の学習に関する言葉も残しました。「日本で学んだ英語は忘れろ」「質の高い英文学の良書を読み、感心したフレーズを残らず暗記せよ」(大阪日日新聞『なにわ人物伝』より)。

2. 吉田茂
（1878年9月22日－1967年10月20日）

　東京は千代田区（神田駿河台）の生まれ。当時の年齢は67歳。外務省の先輩である幣原喜重郎内閣の外相で

あり、1946年6月に始まる「憲法議会」には、幣原の後を受け、首相として臨むことになります。

経歴はあえて説明する必要のない日本史上の巨人。外相、農（林）相、復員相、そして首相を五度務めており、戦後の日本の舵を取り、その後の自民党政治の基礎を作った人物であることはご存知の通りです。

外交官としての履歴を見ると、赴任地は中国と欧州（英国、イタリア、スウェーデン）に限られ、この物語で矛を交える相手となる米国に赴任した経験はなし。葉巻をくわえた姿など英国の貴族趣味なイメージがつきまといますが、外交官としてひと通りの能力はあっても、英語力については経歴の割に高い評価がありません。この点では、先輩の幣原喜重郎にはとても及ばなかったようです。

語学をマスターするには、幣原首相のようにコツコツ勉強するという愚直な一面が必要ですが、そういうことは苦手なタイプでしょう。留学経験もありません。

国会で質問者に「バカヤロー」と言ったことが衆議院の解散につながったり、政策を批判した大学教授たちを「曲学阿世の徒」と言ったり、首相在任時の発言や、現存する肉声録音から推察すると、会話のための会話がこなせる外交官的なタイプではなく、どちらかと言えば朴訥でいながら、相手に気を使わずに正直なもの言いもする人物であったようです。

3. 松本烝治
（1877年10月14日 – 1954年10月8日）

　今日でも評価の分かれる人物のようですが、この物語の時点では、主に幣原内閣で改憲を担当した国務相。法学博士ではありますが、専門は憲法ではなく商法です。出身は東京。68歳で改憲という大仕事に挑むことになりました。

　東京（帝国）大学を卒業した後のキャリアは、農商務省の参事官 → 東大助教授（商法）→ 欧州留学 → 東大教授 → 南満州鉄道理事（後に副総裁）→ 内閣法制局長官 → 関西大学学長 → 商工大臣 → 幣原内閣の国務大臣と実に多彩。国務大臣在任中に法律事務所を開設し、企業の顧問弁護士を引き受けています。多才な人物であったのでしょう。

　「傲岸不遜」であるとか、「なぜ、この人が改憲のリー

ダーなってしまったのか？」という評価もあるようですが、GHQのいわゆる「憲法の押しつけ」にも、その「傲岸さ」と「鈍感力」をもって立ち向かいました。

英語力については、専門の商法に関する限り理解力は充分であったと思いますが、留学先は英国、フランス、ドイツで、期間は合わせて約3年間。それも、若いとは言えない30歳前後での渡欧で、言葉も異なる三ヶ国ですから、ここで一気に英語が流暢になったということはないでしょう。GHQの猛者を相手に丁々発止というわけにはいかなかったようです。

松本烝治の「烝治」は、米国の初代大統領であるジョージ・ワシントンにちなんだもの。偶然かどうか、彼がその好敵手であるGHQのホイットニーと憲法論を闘わせる2月22日はワシントンの誕生日でした。

4. 白洲次郎
（1902年2月17日 - 1985年11月28日）

「白洲次郎って誰？」という方のために、簡単な解説を

しておくと、写真のようにダンディな男です。当時の年齢は44歳。ちなみに、ホンダの創業者、本田宗一郎が1906年生まれですから、ほぼ同世代の人物になりますね。

2009年、NHKドラマスペシャル『白洲次郎』で、彼を主人公にしたドラマが放送されました。白洲次郎役は当代の知性派俳優の代表格、伊勢谷友介。モデル出身の彼は身長が180cmありますが、実際の白洲次郎も175cmはあったようで、当時としてはかなりの長身です。好みのスーツ・ブランドは英国のヘンリー・プール。時計はロレックス・オイスター、ライターはダンヒル、晩年の愛車はポルシェ911S、それも強力なエンジンに載せ換えた改造モデルでした。

神戸の裕福な家庭に生まれ、ケンブリッジ大学に留学。英国英語を身に付けた他、欧米で生き抜くにはブレない自分、つまり、プリンシプルが必須だと理解をしたようで、その特性はこの物語でも遺憾なく発揮されています。

ダンディな面だけが強調され、今や日本史のスター的な存在にもなりつつある白洲ですが、「政商」と呼ばれ

たダーティとも思える一面や、GHQの好敵手、ホイットニーが彼の話し方を「mumble」(口を開かずにつぶやくように話す)と評していたように、文章力はともかく、話し方がNHKドラマのように流暢であったのかは疑問が残ります。ただし、列車の中で騒ぐ米国人に突然「Shut up」(黙れ!)とどなりつけておいて、すぐにその相手と仲良くなってしまうというエピソードがあるくらいですから、外交力のある人だったのでしょう。

Ⅱ. 米国側の登場人物

1. ダグラス・マッカーサー
（1880年1月26日－1964年4月5日）

　アーカンソー州生まれ。憲法の制定をめぐって対立しつつも協力し合う吉田茂より5つ年下です。とは言っても、当時の米国最高幹部の中では年長の方で、ルーズベルトは2歳、トルーマンは4歳、彼の副官を務めたこともあるアイゼンハワーは10歳、彼より若いのです。

　陸軍士官学校を優秀な成績で卒業し、ついには元帥まで昇進しますが、常に米国陸軍の中央にいて保守本流を

駆け上がったわけではありません。

　23歳で少尉に任官、工兵としてフィリピンへ赴任。日露戦争中の1905年には、日本大使館の駐在武官となった父親の副官として東京に勤務します。その時に東郷元帥や乃木大将にも会っているでしょう。1930年、50歳の若さで参謀総長となりますが、2年後に退任し、フィリピン政府の軍事顧問に就任、さらに5年後の1937年には米陸軍も退役してしまいます。しかし、対日戦の指揮を取るため、1941年、フィリピン軍元帥から米陸軍に復帰、米国極東軍総司令官となります。

　あまり注目されていないのは、彼が熱心なキリスト教徒であり、フリーメイソンのメンバーでもあったこと。フリーメイソンはその特性から言って、史実を調べるのは困難ですが、前者については日本占領後もキリスト教による民主主義の普及を目指していたようです。米国から宣教師を多数招聘したり、賀川豊彦など日本人クリスチャンを支援したり、皇室へのキリスト教伝道を試みたりしました。

第1章　登場人物

　英語については、彼の書いた文献が少なく、今回はその特徴を知るに至りませんでした。ただし、スピーチに関しては「I shall return」のメルボルン演説、フィリピン奪還時の声明、「Old soldiers never die, they just fade away」で有名な米国議会演説など、後世に残るものがあり、演説の映像を見る限り、同じ陸軍出身のアイゼンハワーよりも政治家としての資質には恵まれていたのかもしれません。

2. コートニー・ホイットニー
（1897年5月20日－1969年3月21日）

　ワシントンD.C.生まれ。GHQ側で日本国憲法の制定に最も腕力を発揮した男です。日本国憲法に最大の影響を与えた人物は誰かと言えば、このホイットニーかもしれません。当時の年齢は48歳。

　第一次大戦中は、ワシントンで軍務につく傍らジョージ・ワシントン大学（当時はコロンビア・ナショナル・ロー・スクール）で法律を学び、後にフィリピンへ赴任。この時期に、同じくフィリピンに

いたマッカーサーの知遇を得たようです。ただし、軍務においてではなく、同じフリーメイソンの組織に所属していたことがきっかけ。

　1927年に軍を離れ、フィリピンで鉱山関係のビジネスや投資をし、米国人には稀な大成功を収めます。フィリピンに13年間滞在した後に帰米。1943年、再び軍務に復帰し今度は豪州へ赴任。ここでマッカーサーと再会します。協力して対日戦に取り組み、フィリピン奪還計画を進めたことで両者の絆が深まったのでしょう。
　以降、分身と言われるほどにマッカーサーに近侍。残されたマッカーサーの写真にもよく側にいる姿が写っています。

　米国の軍人にしては小柄で身長は168cm程度でしたが、部下たちには、その振る舞いや「自己チュー」（self-important）な態度、無愛想さから「大男」と映っていたようです。ただし、これと思ったスタッフへの信頼度は高く、その一人であるケーディスへの態度からも、それを垣間見ることができるでしょう。
　後にご紹介する英文からも推定できますが、朴訥でクール、現実家、上司には忠実、能力のある部下に仕事を任せる。占領行政にはうってつけの人物であったかもしれません。

著書である『MacArthur, His Rendezvous with History』（1956年、Alfred A. Knopf 刊）は、この物語の重要な参考図書の一つになりました。

3. チャールズ・ケーディス
（1906年3月12日－1996年6月18日）

ニューヨーク州生まれ。当時の年齢は40歳。68歳の松本国務相にすれば、小僧に見えたかもしれません。才気煥発という感じのする人物ですから、占領下にある日本の大臣たちに臆することなくズケズケと意見を述べたことでしょう。

コーネル大学、ハーバード大学で法律を学んだ後、ワシントンD. C.で行政職に就き、ルーズベルト大統領が進めるニューディール政策の現場を経験しました。第二次大戦が始まると、軍事教育を受けた後、占領政策を担当。大戦末期にはヨーロッパ勤務になりますが、日本での占領行政担当者を必要としたマッカーサーに採用され来日。有能な小グループでのプロジェ

クトには適した才があったようで、彼を改憲のワーキングチームのリーダーにしたのはマッカーサーやホイットニーの慧眼です。

　その履歴から言って、日本の歴史や文化に関する知識はほとんどありません。しかし、法律に関する知見は豊富であり、米国の建国理念を信奉し、これを人類普遍の考えであると強く信じていました。憲法は「国柄」の反映と考え、「欧米のバラを日本に移植しても香気を失う」と言った30歳近く年長の論敵、松本国務相と意見が合うはずがありません。

　かなりの好男子で有能な人物ですが、後に日本の伯爵夫人とのロマンスを吉田茂や白洲次郎にうまく利用され、失脚してしまいます。文章にもその才能が出過ぎる感じで、いささかキザな部分が見え隠れします。私見ですが、白洲は爽やかなキザですが、ケーディスはかなりアクの強いキザといった感じがします。

　登場人物の紹介はこのくらいにしましょう。第2章からは、実際の物語に筆を進めることにします。

第2章
降伏と改憲

❖　　❖　　❖

　日本国憲法が作られる過程には、日米間に興味あるやりとりが数々ありますが、本章では、1945年夏から翌年初頭までに起きた出来事のうち、後の改憲交渉に関わる内容を述べていくことにします。

　まずは、本章で取りあげる出来事を年表に整理してみました。

1945年
　　7月26日　　ポツダム宣言の公表
　　8月14日　　宣言受諾の申し入れ
　10月11日　　マッカーサーが憲法改定を示唆
　10月25日　　憲法問題調査委員会の発足
　12月27日　　モスクワ宣言（極東委員会の発足）

1946年
　　1月 1日　　天皇詔書
　　1月11日　　SWNCC228

　では、一つひとつ、原典に当たりながら解説していくことにします。

第2章　降伏と改憲

Ⅰ. 7月26日 ポツダム宣言の公表

　米国、英国、中国（ソ連は遅れて宣言に加入）によるポツダム宣言(the Potsdam Declaration)が公表されたのは7月26日のことです。ポツダム宣言のポツダムとはベルリン郊外の町で、市内から車で30分もあれば訪れることができます。ポツダム会談の行われたツェツィーリエンホーフ宮殿は現存し、実際に会談が行われた部屋などが見学可能です。

　GHQの総帥マッカーサーが厚木飛行場に到着したのは、宣言受諾から2週間後の8月30日。厚木から横浜のホテルニューグランドに向かい、315号室に宿泊しました。マッカーサーが宿泊した部屋、マッカーサーズ・ス

ツェツィーリエンホーフ宮

ニューグランドホテル　315号室

イートも現存し、宿泊が可能です。彼はこのホテル前の桟橋から東京湾に停泊中の米戦艦ミズーリに向かい、9月2日に艦上にて降伏文書に調印するという運びになります。

　ガイドブックのようなことを述べてしまいましたが、歴史を勉強していると、実際にその現場へ行くのが楽しくなります。机の上ではわからない雰囲気が現場にはあるからです。「ここで会談が行われたのか」「マッカーサーはここに泊まって、この景色を眺めていたのか」と感じるのは何ものにも代えがたい学びでしょう。

　しかし、現場訪問と違って外国語で書かれた現物を読むのは難しいもの。ですから、今回は私が現物、つまりは原典のガイド役を務められればうれしく思います。ではまず、このポツダム宣言から読んでいきましょう。

《1》宣言の内容

この宣言は第13項までありますが、ここでは本書で取りあげる改憲に関連する3項を抜き出して解釈をしてみます。

・**第1項**
「日本に戦争を終わらせるチャンスを与える」というポツダム宣言の意図が書かれた部分
We ... have **conferred** and **agree** that Japan **shall** be given **an opportunity** to end this war.

「...」とした部分は、主語のWeについての説明で、「各国民を代表する米英中の首脳」が入ります。shall は後にもくり返し登場しますが、書き手の意志を表す助動詞。つまり、米英中の首脳の意志です。その意志をもって「日本に戦争を終わらせるチャンス (an opportunity) を与える」ことを協議し (conferred)、合意する (agree) という意味になります。confer は、カンファレンス（会議、協議会）と半ば日本語化した英単語 conference の動詞形です。

・第10項

　戦後の日本政府のあり方について触れた部分

　...The Japanese Government **shall remove** all **obstacles** to **the revival** and strengthening of **democratic tendencies among the Japanese people.**

　後に説明する2月1日のメモランダムで、マッカーサーが改憲を行うことについての法的根拠を示すのですが、そこで引用されるのがこの第10項。ここにも話し手の意志を表すshallが登場します。つまり、この文章の主語は日本政府ですが、意志の主体は起草者である米英中の首脳。彼らが日本政府に対し、remove「取り除くべし」と言っているわけです。取り除くのは、「日本国民の民主化傾向(democratic tendencies)の復活(the revival)と、その強化に障害(obstacles)となるものです。「民主化傾向の復活」とあるのは、日本の大正デモクラシー時代(1910から1920年代)を意識しての民主主義復活ということでしょう。

・第12項

　米英中の首脳が、占領軍による日本占領を終結させる条件を二つあげた部分

　The occupying forces of the Allies **shall be withdrawn from Japan as soon as these objectives** have been accomplished and there has been established **in accordance with the freely expressed will of the Japanese people** a peacefully inclined and responsible government.

　この部分も2月1日のメモランダムに登場します。日本を占領する連合軍は、次の条件が整い次第、すぐに日本から撤退する (shall be withdrawn from Japan as soon as ～) とあります。ここも shall 助動詞の文章。
　条件の一つは、「第12項までに述べた目標 (these objectives)」が達成されていること、もう一つは、「日本国民の自由な意志を体現した (in accordance with the freely expressed will of the Japanese people)」平和的で行動に責任のとれる政府の成立です。この一節は、物語を通じてのキー・フレーズになりますから覚えておくと良いでしょう。

　この「日本国民の自由な意志を体現した」の節が主語と述語の間に割り込んできていますが、後半の主文のみ取り出すと there has been established a peacefully inclined and responsible government、つまり、意訳すれば連合国首脳の意にかなう政府が成立されることが条件になっています。

《2》削除された「条件」

 この第12項ですが、米国がポツダム会談に臨む直前に削除したとされる文章があります。後の改憲交渉に重要な意味を持つ天皇の地位に関わる内容なので、ご紹介しておきましょう。この項の最後にあったと言われるものです。

This may include a constitutional monarchy under the present dynasty if **it be shown** to the complete **satisfaction of the world that** such a government will **never again aspire to aggression.**

 冒頭の This は、先に解釈した「国民の自由な意志を体現した、平和的で責任の取れる政府」。この政府には、「現在の皇室の下での (under the present dynasty) 立憲君主政体 (a constitutional monarchy) を含むこともあり得る (may include)」とします。ただし、if 以下の条件が付帯しており、後にくる that 節を受ける if の次の it が「世界の満足 (satisfaction of the world) を得られるように示されねば (be shown)」なりません。
 it を説明しているのが先ほどの that 節。「その政府は、二度と他国への侵略意図を持たない (never again aspire

to aggression)」ということになります。

この文章は、日米開戦時の駐日大使で、この時点で国務長官代理であったジョセフ・グルーらの考えを反映したものです。日本を熟知したグルーは、天皇の存在は日本の占領政策に不可欠とし、さらに、天皇の安泰を保証すれば、日本は早々に降伏する可能性があると考えていました。

しかし、この文章を入れれば、他の連合国や大多数の米国民が望む日本の「無条件降伏」という前提が崩れかねません。結局、この部分は削除されてしまいますが、その残滓が、先ほど「主語と述語の間に割り込んでいる」と説明した「日本国民の自由な意志を体現した (in accordance with the freely expressed will of the Japanese people)」というフレーズであったようです。

このフレーズの曖昧さは、米国の意志が揺れたことの反映なのですが、日本側もその解釈に悩みます。

Ⅱ. 8月14日 宣言受諾の申し入れ

日本の国民は、ポツダム宣言の受諾を8月15日にラジオ放送された昭和天皇のメッセージによって知ることになります。そこから日本政府と連合軍との諸手続きを

めぐる話し合いが行われ、9月2日の降伏文書の調印へとつながるわけです。

しかし、ポツダム宣言の受託に至るまでにはギリギリの交渉があり、ここでは後の改憲論議に関係の深い、天皇の地位に関するものを取りあげてみることにします。

・せめぎ合い

わが国が、一度黙殺したポツダム宣言を「受諾する用意がある」と回答したのは8月10日。中立国であったスイス、スウェーデンの日本公使を通じて送られた日本側の回答は次のようになっています。

The Japanese Government are ready to accept the terms **enumerated** in **the joint declaration** …

the joint declaration（共同宣言）というのは「ポツダム宣言」のこと。そこに「列挙された (enumerated)」条件を受諾する用意がある。ただし、次の条件を付けています。

… **with the understanding** that the said declaration **does not comprise** any demand which **prejudices the prerogatives of His Majesty** as a Sovereign Ruler.

with the understanding、つまり、「次のような理解をすることで」宣言を受諾するというのです。どんな理解かというと、ポツダム宣言が統治者としての天皇の特権（the prerogatives of His Majesty）を害する要求を含まない（does not comprise）」という理解です。文中のprejudices は受験英語によく出る「偏見」とか「偏見を持たせる」という意味ではなく、「（権利などを）害する」と理解すれば良いでしょう。この回答を読む限り、先ほど述べたグルー国務長官代理の考えは、ある程度的を射ていたことになります。

ちなみに、この部分の正式な日本文は「天皇の大権に変更を加うるがごとき要求は、これを包含しおらざる了解のもとに」となっています。

曖昧さを突かれた感じの米国ですが、これに対しても曖昧な回答をしてきます。日本政府がその回答を受け取るのは8月12日。以下が天皇の地位に関する部分です。

From the moment of surrender the authority of the Emperor ... **shall be subject to** the Supreme Commander of the Allied Powers ...

降伏の瞬間から、天皇の権威は連合軍最高司令官に「shall be subject to」とあるのですが、この解釈で日本

側がまた混乱します。受諾に前向きな外務省は「制限の下におかれる」、抵抗を続けたい陸軍は「隷属する」と訳しました。今日の辞書で調べれば、「帰属する」とか「監視下にある」になります。

コミュニケーションに関する論議では、だいたいが相手は「一つ意志」であることを前提に考えてしまいがちですが、現実の外交や海外とのビジネスでは、相手が常に一枚岩とは限りません。むしろ、外交的なかけひきより「内交」上の妥協の産物が回答となってくることの方が多い。つまり、常にお互いの意図を探りつつも、相手に対する理解のズレを抱えながら交渉が進んでいくものです。

結局、日本政府は熟考と議論の末、「天皇の地位は安泰であろう」と推定して、ポツダム宣言を受諾を決定するのですが、8月14日の受諾申し入れでも天皇の地位については触れていません。

His Majesty the Emperor has issued an Imperial **rescript** regarding Japan's acceptance of the provisions of the Potsdam Declaration.

rescript というのは「詔書」のこと。「天皇陛下に於

かせられては、『ポツダム』宣言の条項受諾に関する詔書を発布せられたり」とのみ回答しました。

　日本政府の認識に関する限り、これは「無条件降伏」ではありません。

《1》無条件降伏なのか？

　余談になりますが、「無条件降伏」かそうでないのかを判断できる材料は、『Partners for Democracy』(Oxford University Press 刊)という本によると、翌年の初頭に出てきます。1946年1月26日に、豪州政府が天皇を戦争犯罪人として出廷させたいとの要望を出してきますが、これに反対するマッカーサーの回答にこんな一文が含まれています。

　Practically all Japanese ... believe **rightly or wrongly** that **the Potsdam Agreement** were intended to maintain him as the emperor of Japan.

　rightly or wrongly は「間違っているか、正しいかはともかく」と訳せば良いでしょう。「日本国民は、ポツダム『合意』が彼を日本の天皇としておくことを意図したものだと信じているのである」と回答しています。

　後に詳しく述べますが、この時点でマッカーサーは天

皇を、内実はともかく、その地位に留めておく意志決定をしていました。そうした視点から「ポツダム宣言」を「ポツダム合意 (the Potsdam Agreement) 」と書いて、これを日本と連合国との契約としたのでしょう。後のこととは言え、連合軍の最高司令官がポツダム宣言の受諾を双方の「合意」と考えているのなら、日本の「無条件降伏」という言い方はそぐわないような気がします。

マッカーサーは9月27日に昭和天皇と会見。天皇に対し、個人的な信頼感を抱き始めていましたが、もちろんそれだけの理由で天皇をその地位に留めると決めたわけではありません。先に登場したグルー国務長官代理は「天皇が日本を自由化する有力な力となる」との見解を持っていたようですが、マッカーサーの意図もこれとほぼ同じものでした。

これも1946年1月26日付けですが、当時、陸軍参謀総長だったアイゼンハワーに宛てた電信にこんな一文があります。

He is a **symbol** which unites all Japanese. Destroy him **and** the nation will disintegrate.

「彼は日本人を統合するシンボルである。その人物を斥けることは、国家の崩壊につながるのではないか」と訳

せば良いでしょうか。第2文の and は、前の Destroy him を受けて「そうなれば」という意味です。これは幕僚の提言を採用した意見とされますが、マッカーサーも1946年初頭には、日本国民にとって天皇がどんな存在であるかをある程度は理解できていたようです。

Ⅲ. 10月11日 マッカーサーが改憲を示唆

　ポツダム宣言を受諾した後の動きの中で、まず驚かされるのは、GHQが改憲を示唆するタイミングの早さ、そして草案を提示するまでのスピードです。

　8月15日にポツダム宣言の受諾が玉音放送で国民に知らされ、9月2日には日本が正式な降伏文書に調印します。そこから、マッカーサーが改憲を示唆する10月11日まで1ヶ月と10日あまり。改憲の示唆は、これ以前の10月4日にも別の人物に対して行われていますから、それを含めると、マッカーサーは降伏文書に調印した時点で、日本の憲法を改定する意志があったと考えて良いでしょう。

《1》近衛文麿の悲劇

　その「別の人物」とは近衛文麿のこと。戦前、戦中には首相として三度内閣を組織し、終戦直後の東久邇内閣では、副首相格の国務大臣を務めた人物です。

　マッカーサーとの会談は9月13日と10月4日に行われましたが、改憲への示唆があったとされるのは後者。しかし、翌5日に東久邇内閣が総辞職してしまいますから、この時点で近衛は閣外に出たわけで、改憲作業も政府の公式なものではなくなります。それでも近衛は、マッカーサーの政治顧問（後に駐日大使）で国務省から派遣されているジョージ・アチソンと連携して検討を進めました。

　ところが、近衛に改憲のイニシアチブを取らせようというマッカーサーの動きは、二つの点で米国民や連合国政府の大反発を受けることになります。一つは、日独伊三国同盟締結時の首相であった近衛を起用した点。もう一つは、日本の憲法を変えるなどという話はGHQ以外には寝耳に水であったという点です。

　結局、反発を受けたマッカーサーは、11月になって近衛を改憲交渉のパートナーから外すことを決め、改憲に関する活動を自身の腹心とされるスタッフに限定する

ようになります。近衛との話し合いを始めていたアチソンを筆頭とする国務省のスタッフも作業を中止せざるを得ず、以後、米国国務省はこの改憲交渉の蚊帳の外。草案作成はマッカーサーとその腹心のみで進められるという状況が現出します。この後の日本側の改憲作業がGHQとはまったく別々に進むことになった遠因はここにあるようです。

その後、近衛は極東国際軍事法廷に出廷することになり、12月6日に逮捕命令が出されますが、拘置所への出頭期限日である12月16日に自ら命を絶ちました。

《2》幣原首相への改憲「示唆」

もう一人、マッカーサーが改憲の示唆をした相手は、退陣した東久邇内閣の後を受けて組閣した幣原喜重郎首相です。もっとも、この時点でのGHQは、自ら憲法草案を作ってしまおうとは考えていなかったようで、「示唆」ということで日本側に改憲を任せる形をとっています。

なお、「示唆」というのは後の呼称で、原典である10月11日に行われたマッカーサーと幣原首相の会談に関する日本側の議事録から汲み取ったものと思われます。後年の研究者が「示唆」としたのでしょう。日本語訳の

原典の記述は次のようになっています。

「ポツダム」宣言の実現に当たりては、日本国民が数世紀に亘り隷属せしめられたる伝統的社会秩序は是正せらるるを要す。右は疑いもなく憲法の自由主義化を包含すべし
（原文は漢字とカタカナのみであるため、読みやすいように漢字の一部を修正し句読点を加筆してあります）

このあたりから、日本の各分野でさまざまな改憲試案が作成され始めます。前述の近衛文麿が主導した草案、社会党案、共産党案などさまざまですが、本書では政府案とも言うべき松本国務相の改憲案に沿って述べていくことにしましょう。

Ⅳ. 10月25日 憲法問題調査委員会の発足

　GHQは改憲を「示唆」すると、政府に対し、その動きに対応できる組織の発足を要請します。その要請によってできたのがこの調査委員会です。幣原首相にすれば、政府とは無関係に近衛文麿の改憲作業が進むのを黙許するわけにもいかず、この調査委員会を発足させたという

こともあるでしょう。

　最初の総会は10月27日に行われますが、この場で委員長となった松本国務相が述べた設立の趣旨を引用しておきます。委員長には失礼ながら、「やる気はあるの？」という感じの主旨表明です。

　後になってマッカーサーから改憲をせまられ、対応に奔走する松本国務相ですが、調査委員会の設立時点では、幣原首相を筆頭に日本政府の改憲に対する覚悟がこの程度であったということなのかもしれません。

1．調査の目的は憲法改正の要否、及び、必要ありとせば、その諸点を闡明にするにあるから、まず憲法全般にわたって内外の立法例、学説等に関する研究をなし、充分の資料を備へ、もって、極めて慎重に調査を遂げんとするものである。

2．上述せる次第であって、調査の具体的範囲等は、初より確定せるものではないから、むしろ、官制によるものに非ざる調査会を設置することにした。従って、名称もないのであって、仮に命名すれば、憲法問題調査委員会とでも称すべきであろう。（後略）

3．以上に述べた様な組織をもって、直に調査を始めるのであるが、その目的は第1項に述べた通りである

から、此の調査委員会をもって、直に改正案の起草に当たろうという考えはないのである。若し改正案作成の必要が生すれば、其の起案は審議会の設置等、如何なる方法によりて、これをなすやは、今日より全く予定し難いところである。(後略)

(原文は漢字とカタカナのみであるため、読みやすくなるように漢字の一部を修正し句読点を加筆してあります)

Ⅴ. 12月27日 モスクワ宣言

　なぜ、モスクワ宣言を取りあげたかというと、その内容がこの後の改憲をめぐるGHQの動きに深く関わってくるからです。

　宣言の内容は、米英中、ソ連の他に、豪州、フィリピンなど11ヶ国で構成される極東委員会(Far Eastern Commission = FEC)の設置を宣言したもので、これは以前から存在した極東諮問委員会(Far Eastern Advisory Commission = FEAC)の権限を強化し、それを極東委員会に改編することを確認したものです。

　元々、米国以外の極東諮問委員会参加国は、米国主導の対日方針の決定に不満を抱いており、その権限をadvisory、つまりはアドバイスではなく、政策決定に拡

大したのです。後にGHQを悩ませた改憲に関する宣言文書にはこう記されています。

... any directive dealing with fundamental changes in the Japanese Constitutional structure ... will be issued **only following consultation and following the attainment of agreement** in the Far Eastern Commission.

改憲に関わる指示を出して良いのは、「極東委員会との協議 (consultation) と賛成を得た (the attainment of agreement) 後で (following) なければならない」と書かれており、近衛文麿への「改憲示唆事件」の余波か、only following、さらには following と「後で」が連発される入念な言葉遣いがなされた文章です。

当然のことながら、極東委員会はGHQの上位組織となるため、この委員会が機能し始めると、マッカーサーは自身の意志のみで改憲を推し進めることができなくなります。

後のGHQによる改憲作業の慌しさは、この委員会の動きと追いかけっこをするような形になったことが原因です。

VI. 1月1日 天皇詔書

　終戦の年が終わり、翌1946年の劈頭を飾ったのが昭和天皇の年頭詔書。ポツダム宣言のところでも登場したRescript 。一般には「天皇の人間宣言」、外国では「天皇の神格否定」と呼ばれています。

　ただし、元々ご自身を「神」だとお考えになったことのない昭和天皇のご意思は、「人間宣言」とか「神格否定」といったものではなく、五箇条のご誓文に象徴される明治天皇のお考えと民主主義との共通点を国民に伝えることであったようです。一読して感銘を受けたマッカーサーが全文を公表するよう要請したとされますが、それは以下の「人間宣言」とされる部分があったからと推定されます。その部分を、マッカーサーも読んだ幣原首相自らの作成とされる見事な英文で記載しておきます。

　The **ties** between **Us** and **Our** people have always stood upon mutual trust and affection. **They** do not depend upon mere **legends and myths. They** are not **predicated** on **the false conception** that the Emperor is **divine**, ...

　Us と Our が大文字になっているのは、天皇家という

特定の「我われ」を指していることによります。第2文と第3文の They は、第1文にある ties、つまり、「つながり」を受けたものです。天皇家と国民とのつながりは、伝説や神話 (legends and myths) によるものではなく、天皇が神聖 (divine) であるという誤った考え (the false conception) に基づくものでもないとします。predicate は「断定する」。受身形で使われれば、「基づく」という意味になります。

マッカーサーが感銘を受けたと述べましたが、個人的な天皇への尊敬の念もあるにせよ、むしろ、この詔書によって、天皇をその地位に留めやすくなったということが感銘の理由でしょう。戦争の一因が神格化された天皇にあるとして、その存在を否定するソ連や豪州などに対し、この詔書は有力な反論材料になると確信できたはずです。

Ⅶ. 1月11日 SWNCC228

SWNCC は通称「スウィンク」。State-War-Navy Coordinating Committee の略で、あえて日本語にすると、国務・陸軍・海軍調整委員会になります。外務省と軍部の政策調整機構のようなもので、1944年の設立以降、日本の

占領政策を調整、日本の降伏後もマッカーサーに意見を述べています。228というのは意見の番号。この「スウィンク228」は日本の憲法に関する指針を示したもので、GHQはこれを1月11日に受け取ります。

　原文はかなりのボリュームなので、物語の展開に大きく関わる部分のみをあげておきましょう。

The **drafting and adoption** of constitutional **amendments** or of a constitution **in a manner** which will express **the free will of the Japanese people.**

　最高司令官の目的として掲げられた7項目のうちの一つです。「日本国民の自由意志(the free will of the Japanese people)を体現したやり方で(in a manner)憲法、または憲法の修正案(amendments)を作成(drafting)し、採択(adoption)すること」とあります。the free will of the Japanese people は何度も登場しますが、ポツダム宣言にある文言です。

Though the ultimate form of government in Japan is to be established by **the freely expressed will of the Japanese people, the retention** of the **Emperor institution in its present form is** not considered **consistent with** the **foregoing** general objectives.

第2章　降伏と改憲

　前半の節にキー・ワードの「日本国民の自由意志」が また登場しています。日本の政府は、最終的にはそうし た国民の意志に基づくものになるべきなのですが、天皇 制度を「現状のまま (in its present form)」に据え置く (the retention) ことは、「前述の (foregoing) 目標と相 容れる (be consistent with) ものとは考えられない」と あります。
　ちょっと論理矛盾がある内容ですね。「日本の政体は 日本人の意志に任せるが、現状の天皇制は、たとえそれ が日本人の意志でもダメだ」とも取れてしまいます。

　ただし、この方針は天皇制度 (the Emperor institution) を「現状のまま」据え置くことはできないとしているの で、別の形にすれば良いことになります。
　そこで前述の天皇詔書なのですが、昭和天皇自らがご 自身のあり方について、国民に理解できるよう詔書に述 べられたことは、天皇の権能を改めたうえでその地位に 留め、占領政策の推進役にしたいマッカーサーには値千 金の詔書となったはずなのです。

　最後に、最高司令官の強制力について書かれた部分。 後のGHQの行動の正当性を考えるうえでの指標として あげておきます。

Only as a last resort should the Supreme Commander order the Japanese Government to effect the above listed reforms, ...

　冒頭の「最後の手段としてのみ (Only as a last resort)」がキー・ワード。この場合の resort はリゾートホテルのリゾートではなく、手段という意味です。諸項目の実行のために最高司令官が日本政府に命令をするのは、最後の手段としてだけであるということです。その理由が次の文章。

　... as **the knowledge that they had been imposed** by the Allies would materially **reduce** the possibility of **their acceptance** and **support** by the Japanese people for the future.

　that 節にある they は SWNCC228 にある諸項目のことです。これらが連合国によって押しつけられた (had been imposed) という知識 (the knowledge)、つまり「改憲などが連合国の押しつけであったと日本国民が知れば」という意味です。そうなると、諸項目が国民に受け入れられ (their acceptance)、支持される (support) 可能性が低下する (reduce) とします。

憲法に関する今日の状況を考えれば、示唆に富んだ内容ではないでしょうか。

さて、関連する歴史上の出来事の解説はここまでにして、次の章からは実際の改憲に向けた動きについて述べていくことにします。

第3章
改憲への道

❖　　❖　　❖

　前章で述べた天皇の「人間宣言」、そしてSWNCC228。このあたりでマッカーサーの改憲に対するスタンスは固まってくるのですが、その最中に、マッカーサーの招いた極東委員会のメンバーが来日します。GHQにとっては決して心地よい存在ではない極東委員会。滞在最終日の31日にはマッカーサーとの会談も用意されていました。

　本章では、極東委員会が来日した1月から、2月13日のGHQの憲法草案提示に至るまで、GHQによる改憲「作戦」立案とその遂行過程を見ていくことになります。

Ⅰ. 極東委員会メンバーの来日

　前章で述べた通り、この極東委員会(FEC)は極東諮問委員会(FEAC)の権限を強化したものですが、その背景には米国が日本占領の果実を独り占めすることへの懸念がありました。極東諮問委員会は、GHQの最高司令官にマッカーサーが任命されることにさえ難色を示していたのです。

　関係悪化を懸念したマッカーサーは、委員会の代表を日本に招くこととし、メンバーは、12月27日のモスクワ宣言で諮問委員会から委員会への改編が公表されるのとほぼ同時に東京に向けて出発します。彼らが東京に着き、GHQと最初の会談が開かれたのが1月17日。会談を重ねた後、月末にはマッカーサーとの会談に臨みます。

　マッカーサーは、「一時は改憲を示唆したこともあった。だがそれは、もはや自分たちの仕事ではない。現在は止めている」と伝えた後、こう述べます。

Whatever might be done about constitutional reform in Japan, it would be done **in such a way as to permit the Japanese to look upon the resulting document** as a Japanese product.

仮定法の文章ですね。条件節（WhateverからJapanまで）は、「改憲について何が成されようと」です。帰結説（itの後）は、「〜のようなやり方で（in such a way as 〜）行われるだろう」になります。permit the Japanese to 〜は「日本人が〜するのを許される」。look uponは「見なす」ですから、結果としてできた書面（the resulting document）、つまり、新しい憲法は、「日本人が自分たちの作品だと思えるようなやり方で作られるだろう」という意味になります。

極東委員会との会談では、マッカーサーだけでなく、代表にアテンドしたケーディスも「改憲はもはやGHQの仕事ではない」というスタンスをとりました。要は「嘘をついた」ということです。

II. GHQと作戦

さて、この極東委員会を送り出した1月末には、マッカーサーとその腹心、ホイットニーの間で今後の作戦が確定したように思います。想像の域は出ませんが、その要綱を書き出してみました。

① 明治憲法は改める（改憲の）必要がある

② 改憲作業はGHQと日本政府の間で秘密裏に行う
③ 公布時期は極東委員会が機能し始める前に設定する
④ 新憲法は日本主導で作られた「形」にする
⑤ 天皇は形式上、現在の地位に留めておく

　①は、明治憲法を戦争の一因とした連合国にとっては自然ななり行きです。しかし、マッカーサーにすれば、国益の上から他国、特にソ連の占領介入は防ぎたい。そのためには、②を米国主導で行うのは動かせないところです。そうなると、③のタイミングが重要でしょう。

　そして、他国、さらには自国の国務省などへの説明上、④も欠かせません。いわば、日本政府との「共同謀議」にせざるを得ないかもしれない。そのための譲歩条件として、⑤を日本政府に提示します。

　実際、⑤はGHQの政策実現上も必要な条件です。しかし、これには他国、米国内にも反対勢力は多く、そのためにも③はなおさら必須でしょう。

　ここから話は佳境に入っていくのですが、その前に、GHQという組織について簡単に説明をしておきます。GHQ (General Headquarters)、つまり連合国軍最高司令官総司令部は、ポツダム宣言を実施するための機関。1945年10月2日に東京は日比谷の第一生命館（現在のDNタワー21）に司令部が設置されています。日本占

領に進駐した兵士の数は、米軍を中心に43万人。

　組織図を載せておきますが、本書に登場するのはこの中の民政局で、ホイットニーが局長、ケーディスが局長代理（後に次長）を務めています。

　民政局はGovernment Section の訳ですが、実際は文字通りの「政治局」。「民政局」という訳は多少の政治性を持っています。つまり、軍政による直接統治はせず、日本政府を通じての間接統治を基本方針とするGHQが「政治局」と称する部門を持ち、政治干渉をしていると理解されることは避けたかったのでしょう。

　外交やビジネスでの言葉は常に政治性を持つもので、翻訳、通訳者はそれを見抜いておく必要があります。最近の話で言えば、相手国に自国と異なる法規などがあると、それをわざとnon-tariff barrier、つまり「非関税障壁」と呼んで、相手国が貿易に障壁を設けているイメージを醸成する例。これも外交性を持つ言葉で、「規則の違い」くらいに訳しておかないと、後にとんでもないことになりかねません。

GHQ組織図

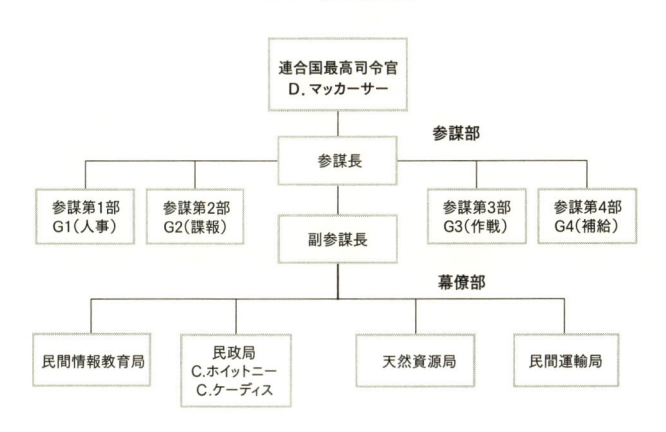

```
        連合国最高司令官
          D.マッカーサー
                │
                │                          参謀部
              参謀長
   ┌──────┬──────┼──────┬──────┐
参謀第1部  参謀第2部   │    参謀第3部  参謀第4部
G1(人事)  G2(諜報)   │    G3(作戦)  G4(補給)
                   副参謀長
                      │                   幕僚部
   ┌──────┬──────┼──────┬──────┐
民間情報教育局  民政局      天然資源局   民間運輸局
         C.ホイットニー
         C.ケーディス
```

III. 2月1日のメモランダム

　委員会代表が帰国した直後、今後の作戦を確認する意味で、民政局長のホイットニーがマッカーサーに宛てて作成したのがこのメモランダム。GHQが日本の憲法を変えるための法的根拠をあげたものです。

　日本主導の改憲が望ましいが、昨夜まで会談を重ねた極東委員会は、GHQの上位機関として、帰国後すぐにでも機能し始めそうな気配。そこで、もし日本主導の改憲内容が意に沿わぬものなら「我われで作ってしまうのも一考」として、ホイットニーが持論を述べたのがこのメモランダムです。

　ちなみに、メモランダムというのは、ビジネスで言えば、社内での意思疎通の明確化を図るために欧米ではよく作成される社内レターのようなもの。私の駐在時代の思い出の一つもこの「メモランダム」でした。会社でビジネスの話をすると、すぐその後にメモランダムが回ってきます。「ミスター・アオキはこう言った」「私はこういう提案をした」といちいち書面にしてくるので、「オレのことを信じていないのか」「もう、わかったよ」と感じたものです。

　ただし、よく考えてみると、こうした書面があること

で後になってから「言った、言わない」で論争する場面がなくなります。煩わしいと思う反面、「確かに効用がある」と感じもしました。

　言葉に信を置く日本の文化に合っているかどうかはわかりませんが、少なくとも何十年という時を経た今日でも、歴史の当事者の考えを記録したものが読め、こうして本を書く場合の題材にもなるという点では大変意味のある習慣かもしれません。

・毎日新聞の「スクープ」との関係

　実は、メモランダムが作成された2月1日に、毎日新聞が日本側（松本国務相）の作成した憲法草案をスクープしています。ところが、このメモランダムにそんな記述は一切なく、ホイットニーが新聞の記事に触れるのは、翌2月2日のメモランダム。彼が記事のことを知っていれば、それについて触れないはずはありません。

　この日は金曜日。後のGHQスタッフの証言によれば、GHQのオフィスは毎日新聞の記事が出たことで慌しい雰囲気でした。仮訳もこの日の午後にはできています。しかし、ホイットニーは、このメモランダムを書いた時点では、朝刊の記事についてまったく知らないようです。

・**結論を先に**

　前置きはこのくらいにして、メモランダム本文に入りましょう。できるだけ初めの方で結論を述べるのは軍隊の報告の流儀。

In my opinion, in the absence of any policy decision by the Far Eastern Commission on the subject (which **would, of course, be controlling**), ...

　まず、前半の条件節。「私の意見としては(In my opinion)」と断っておいて、「極東委員会の改憲に関わる決定がまったくない現状においては(in the absence of any policy decision by the Far Eastern Commission)」という条件を述べています。ここがGHQにとって肝になる部分。ホイットニーは、直前まで東京にいた極東委員会が何らかの（改憲に関する）決定を出してくれば、やはり「それにコントロールされる(would, of course, be controlling)」としています。

... you have the same authority with reference to constitutional reform **as** you have with reference to any other **matter of substance in the occupation and control of Japan.**

そして、後半が結論です。極東委員会さえ黙っていればyou、つまりマッカーサーには改憲に「関して（with reference to）」「～と同じ権限がある（have the same authority ... as ～）」。何と同じかというと、「日本の占領と支配に関する実質的な課題（matter of substance in the occupation and control of Japan）」になります。教育改革、農政改革、財閥解体などと同様、改憲も行う権利があるということです。

• ポツダム宣言の実行

結論の次に理由の説明が続きます。「ではなぜ、そんな権限があるのか」について、ホイットニー流の解釈を述べています。

In accordance with the agreement among the governments of the US, USSR, UK and China, **the President of the United States designated you** as Supreme Commander for the Allied Powers **to "take such steps as you deem proper to effectuate the surrender terms"**.

文章の主語は米国大統領（the President of the United States）。「米国、ソ連、英国、中国間の合意に基づき、米国大統領は、連合軍の最高司令官であるあなたに（以

下の）指示をしている（designated you 〜 to 〜）」。それが、冒頭で述べた「そんな権限がある」理由になっています。

どんな指示かというと、「降伏条件を実現する（to effectuate the surrender terms）にふさわしい（proper）とあなたが考える（as you deem）政策を実行する（take such steps）」ことです。簡単に言えば「降伏の条件を実現するためにマッカーサーが『適切であると認める』（deem proper）ものは、改憲も含め何でもできる」ということになります。

・論理の展開　マッカーサーの権能

ホイットニーも弁護士だけあって、論理展開が巧みと言えば巧み。冒頭に「私の意見では」と断ってはいても、ここからはGHQ寄りに独自の論理を展開し、マッカーサーの権能を正当化していきます。「ディベートというのは黒いカラスを白いと言いくるめる技術だ」と説明した人がいますが、この部分の言い回しにもその嫌いがありますね。ただし、弁護士の使命は論理の構築。どんな場合でも、クライアントのためにどれだけ堅牢な論理を組み立てるかが弁護士の能力。この部分こそがホイットニーの力量の問われるところです。

By the Instrument of Surrender, the Japanese

Government **accepted the provisions of the Potsdam Declaration**. (Par. 1 of Instrument) .

この場合の Instrument は法律や条約の文書を指します。ですから、By the Instrument of Surrender は「降伏文書によって」です。降伏文書にサインをしたことで、「日本政府はポツダム宣言の諸条件を受諾した (accepted the provisions of the Potsdam Declaration)」となります。Par. 1 of Instrument は、ポツダム宣言条文の第 1 項 (Paragraph 1) のことです。

では、そのポツダム宣言は日本政府に何を求めて (下の文の requires) いるのでしょうか。ホイットニーなりの説明が次の文章です。ポツダム宣言のところでも書きましたが、求めているものは二つです。

The Potsdam **Declaration requires** the Japanese government to "**remove all obstacles** to **the revival** and strengthening of **democratic tendencies** among the Japanese people", ...

一つは前半部。ポツダム宣言の第10項が示す「日本国民の民主化傾向 (democratic tendencies) の復活 (the revival) と強化」にとって「障害となるものの除

75

去 (remove all obstacles)」です。

... and the establishment "**in accordance with the freely expressed will** of the Japanese people of a peacefully inclined and **responsible** government". (Pars. 10 & 12 of Declaration.)

そして後半部。第12項にある「日本国民の自由な意志 (the freely expressed will) を体現した (in accordance with) 平和的で行動に責任のとれる (responsible) 政府の成立」ということになります。

・**論理の展開　改憲の必要性**
　次は「改憲を行う必要があるのか」についての論証です。

To achieve this alteration in **the nature of Japan's governmental institutions** requires **fundamental changes** in the Japanese **constitutional structure**; and **such alteration is essential to the execution** of the Potsdam Declaration.

まず、日本政府の本質 (the nature of Japan's governmental institutions) を変えるには (To achieve this alteration)、

憲法の構成（constitutional structure）に関して根本的な変更（fundamental changes）が必要になるとします。「政府の成り立ちを変える」とは、前文にある「日本国民の自由な意志を体現した、平和的で行動に責任のとれる政府」を作ることでしょう。

そして、そのような変更（such alteration）が、ポツダム宣言の内容を実現する（the execution）ために不可欠（essential）であるとして、論理の展開を締めくくっています。

ここまでの論理展開を整理すると、

- **マッカーサーは、米国、ソ連、英国、中国の合意に基づく米国大統領の指示により、降伏の条件を実現するために適切と認める施策を実行する権利がある。**
- **ポツダム宣言によれば、降伏条件の実現とは、民主化に対する障害の除去と国民の自由意志を体現した政府の確立である。**
- **それを実現するためには改憲が欠かせない。**

だから、マッカーサーに改憲を行う権能があるというわけです。

もし、これがディベートの試合であれば、私は次の三

点を突いていくでしょう。

- 宣言の内容の実現に「ふさわしいと考える」施策という定義は曖昧であり、改憲もマッカーサーが必要だと認めればできてしまう。それなら、こんな論理を展開する必要はなく、最初から「やりたいことをやる」と言えば良い。
- なぜ、宣言の内容を実現するために根本的な改憲、つまり、憲法をすべて書き直す必要があるのか。明治憲法の改定でも良くはないか。
- 国民の自由意志による政府のための改憲なら、日本国民が行わなければおかしい。

しかし、これは対等な立場の交渉ではなく、勝者と敗者の交渉。ディベートの試合のように行くはずはありません。

・目の上のタンコブ　極東委員会

ただし、そのホイットニーの論理構築力をもってしても、極東委員会の存在は無視できません。つまり、極東委員会の権能はGHQのそれを超えたものであり、この委員会が機能し始め、指令を出すようになれば、いかにマッカーサーといえどもそれには絶対に逆らえないと判断しています。メモランダムの冒頭で、「極東委員会の

改憲に関わる決定がまったくない現状においては」という条件を付けていますが、後半部でもそれをくり返し述べます。

... **should** the F.E.C. issue a policy directive dealing with the matter of constitutional **reform, ...**

should から reform までが仮定法の条件節。F.E.C. というのは極東委員会の略称です。「もし、極東委員会が改憲に関する指令を出すのであれば」という内容になります。

... **then and in such event the issuance** of any constitutional reform directive (order) upon the Japanese government **would be subject to objection** by any member of **the Allied Council for Japan** and your decision **would not be controlling**.

後半の帰結節は「そうなるとどうなるか」についてです。then and in such event とかなり慎重な表現で、「そ・うなったら大変ですよ」という感じが出ています。

そうなると、マッカーサーが日本政府に出す指令や命令 (the issuance 、これが主語) は対日理事会 (the Allied Council 極東委員会の出先機関) に反対される可

能性があり（would be subject to objection）、「あなたの決定も効力を失うことになりかねない」（would not be controlling）とかなりはっきりと書いています。

「我われは米国の、というかGHQの考えを基礎にした日本を作りたい。しかし、極東委員会が機能し始める時期がせまっている。委員会の指令となれば絶対だ。それなら、委員会が何かを言い出す前にこちらの思い通りに改憲をしてしまおう」。

高飛車でせっかちなGHQの動きの背景がよくわかるのが、このホイットニーのメモランダムです。

Ⅳ. 2月2日のメモランダム

翌日のメモランダムですが、ここで毎日新聞のスクープ記事が登場します。2月2日は土曜日ですが、軍人は悠長に休んではいられないようです。ホイットニーは早速、前日に仮翻訳された日本側の憲法草案を添付した（Inclosed is a tentative translation of the draft）このメモランダムをマッカーサーに提出しています。

第3章　改憲への道

・受け入れられない草案

Yesterday (1 February) the Mainichi Shimbun published **what is claimed to be a draft revised Constitution** prepared by the Cabinet (Matsumoto) Commission. **Inclosed is a tentative translation of the draft**.

　what is claimed to be 〜 は、「〜とされるもの」という意味です。「改定憲法の草稿 (a draft revised Constitution)」とされるものが、毎日新聞に掲載されたということですね。

・会談の延期

This draft is extremely conservative in character and **leaves substantially unchanged** the status of the Emperor **with all rights of sovereignty vested in him**. For this reason (along with others), the draft **was poorly received** by the press and the public.

　前文を訳してみると、「この（毎日新聞に掲載された）草案は凄まじく保守的であり、天皇の地位に関しては、国家主権を彼に帰したままで (with all rights of sovereignty vested in him)、本質的に（明治憲法から）変わっていません (leaves substantially unchanged)。そのため（他

81

の理由もあるが)、マスコミや国民には不評を買っています (was poorly received)」となります。報道の論調や世論の動きをとらえて「不評である」と判断したのでしょう。

ホイットニーはこのスクープで、「日本政府主導では遅すぎる」と思い始めた可能性があります。

The upshot has been **that** a Foreign office representative telephoned us this morning asking **for postponement** until next Thursday of **the informal meeting** which Yoshida had scheduled for Tuesday morning (5 February) **for the purpose of discussing Matsumoto's draft**.

The upshot というのは、「その結果は〜」という意味。言葉遣いに「それみたことか」という含みが感じられます。日本政府の草案が社会に良く受け入れられなかった結果として、that 以下の事態が起きているということです。

何が起きたかというと、外務省の担当者から電話があって「吉田外相が、2月5日の火曜日に設定した非公式会談 (the informal meeting) を次の木曜日に延期したい (for postponement) と伝えてきた」というのです。会談の目的は、松本国務相の作成した憲法草案について話し合う

こと (for the purpose of discussing Matsumoto's draft)。

　吉田外相の提案で、松本国務相案についての非公式会談が翌週の火曜日に設定されていたようです。しかし、日本側はそれを木曜日に、つまり、2日間延期したいと言ってきたわけです。
「吉田のヤツ、草案の評判が芳しくないものだから内容をさらに検討する気だろう」とほくそ笑むホイットニーの息づかいまでが聞こえるようです。

　However, I postponed the conference for one week (i. e. until 12 February) **since, now that Yoshida's trial balloon has been punctured**, ...

「しかしながら (However)、私はこの会談を1週間延期する（例えば2月12日の火曜日に行う）ことにしました」とあります。この日はリンカーンの誕生日、ホイットニーはこうしたイベントを米国の記念日に合わせる傾向があります。
　それに続くsince は becauseと同じ意味の「なぜならば」で、続いて理由が説明されます。now that ～ は「～したからには」で、よく受験英語に登場しますね。「吉田外相の観測気球が破裂してしまったから (Yoshida's trial balloon has been punctured)」、つまり、「世論を問うつもりで公表した草案の評判が良くなかった」ことを

83

指しています。
「吉田外相の観測気球(trial balloon)」という表現からは、毎日新聞の記事が日本側の意図的なリークであること、そして、それをGHQが知っていたようなニュアンスを読み取ることも可能です。それにしても、「気球が破裂してしまった」というのは日本側をちょっと揶揄した言い方。

... it is possible that the Cabinet commission may want to undertake **a more genuine constitutional revision** which **would comply in good faith with** the Potsdam Declaration.

ホイットニーは、草案に良い評判を得られなかった日本側が「さらに真の意味での改憲(a more genuine constitutional revision)に取り掛かる可能性が大である」と考えているようです。genuine は「真性の」といった意味で、ホンモノ、ニセモノを言う場合のホンモノを指します。もちろん、ホイットニーは、新聞に載った松本国務相の草案が本当の意味での改憲であるとは考えていません。
そして、その「さらに真の意味での改憲」は、ポツダム宣言の内容に忠実な(would comply in good faith with)ものになると言います。「日本政府主導では間に

合わない」と考えつつも、この時点ではまだ日本主導による改憲の望みを捨ててはいないようですね。

・マッカーサーとホイットニーの関係
I thought it advisable to agree to this meeting (which Mr. Yoshida stated would be "off the record" and on a no commitment basis) …

　冒頭の文章は「この会談についてはご了解をいただきたいと考えていた (thought it advisable to agree)」と過去形です。さらに、了解して欲しいのは会談の延期ではなく、会談そのもの。つまり、ホイットニーは、マッカーサーに吉田外相との会談については伝えていなかったか、了解をもらっていなかったかのどちらかです。
　この会談を「吉田外相は『オフレコ』で拘束力はないとしている (Mr. Yoshida stated would be "off the record" and on a no commitment basis)」と断っているのは、勝手に会談を設定したり、延期を提案したという独断専行に負い目があるからかもしれません。マッカーサーがこういうことにうるさいのか、ホイットニーが上司に気を使っているのか、おそらくその両方でしょう。この文章からは、そんな両者の関係までが読み取れてしまいます。

... as I could foresee that **the reactionary group carrying the ball** on constitutional reform **were way off the beam that you could agree to**.

さらに、ホイットニーは、as 以下で自分の行動の言い訳として「私には次のことが推定できた (I could foresee)」と言います。では、何が推定できたのか。carrying the ball は「ボールを持っている」という意味ですが、これは「草案を出すべき立場にある」ということです。

草案を出すべき立場にある「反動派」(the reactionary group) というのは、「復古派」とか「旧守派」という意味でしょう。これは、本当の意味での改憲をしたがらない松本国務相のグループを指しています。彼らの考えは「マッカーサーが容認できる範囲の外にある (were way off the beam that you could agree to)」とします。

したがって、「草案を出してくる旧守派の考えにマッカーサーは到底賛成できないことが推定できたから、この会談についての了解をいただきたかった」というのがホイットニーの説明です。ホイットニーは上司に従順ですね。

第3章　改憲への道

・GHQによる改憲への動き

I thought it **better strategy to orient** them **before the formal submission of a draft** than to wait and **force them to again start from scratch once an unacceptable draft had been submitted** to which they were committed.

　この最終フレーズは大事なところです。キー・ワードは to orient 、日本語になっているオリエンテーションのオリエントで「方向付けをする」という意味です。つまり、ホイットニーは日本側に対し、改憲についての方向付けをしておくのが上策 (better strategy) としています。ここも、I think ではなく I thought と過去形になっていますから、ホイットニーの心中ではその意志はすでに固まっていることが伺えます。

　さらに、「方向付けをする」タイミングを草案が正式に提出される前 (before the formal submission of a draft) とします。「受け入れられない草案が出てしまえば (once an unacceptable draft had been submitted)、最初からのやり直しを命令しなければならない (force them to again start from scratch)」ので、それならば、最初からこちらの意志を明確にしておくのが上策だと言っています。again start from scratch は「裸一貫からやり直す」といった場合に使われる慣用句です。

この「方向付け」というのは微妙な表現ですが、結果としては、この「作戦」通りにGHQによる憲法草案の作成が進む形になっていきます。

V. マッカーサーの改憲原則

　ホイットニーの動きが慌しくなります。おそらく、前掲のメモを書いたすぐ後にマッカーサーと話し合ったようで、その場で「方向付け」をGHQによる草案作成とすることを決定します。旧守的な日本側の動きに業を煮やしたということもあるでしょう。自ら草案を作るという意思決定は、当然、マッカーサーによるものですが、ホイットニーのメモランダムを読む限り、彼の提案をマッカーサーが了承したという形が実態に近いのではないかと思います。小説にするなら、二人の間でこんなやりとりが想像できます。

マッカーサー：「コート（ホイットニーのこと）、キミのメモにある『方向付け』とはどういう意味だね？」
ホイットニー：「こうなっては、我われが草案を作るこ

とを考えるのが良いかと・・・」
マッカーサー：「それで問題はないのか？」
ホイットニー：「1日のメモランダムに書きました通り、『極東委員会』が機能する前であれば問題はないと思われます」
マッカーサー：「草案を作るのにどのくらいの時間がかかる？」
ホイットニー：「吉田外相との会談を1週間延期しました。この会談で日本側は草案を正式に提案してくるはずです。私としては、それを受け取る前にこちらの草案を出してしまうつもりです」
マッカーサー：「そんなに早く憲法の草案を作れるのか？」
ホイットニー：「はい、何とかやってみます。ただ、改憲の原則だけはご確認ください」
マッカーサー：「わかった。それでいこう」

・憲法草案作成の命令

　毎日新聞のスクープ記事が出た1日は金曜日。2日の土曜日にこのような話し合いが行われ、GHQによる憲法草案の原則、いわゆるマッカーサー三原則が作成されます。原文は手書きのメモで、これは紛失したとされています。現存するのは、おそらくホイットニー（もしく

はその秘書）がタイプしたものでしょう。

　法律の専門的な内容を含んだ文面から察して、マッカーサーの承認を得た後、ホイットニーが作成したと考えるのが妥当であるように思えます。

　翌3日は日曜日ですが、ケーディスら民政局の幹部がGHQのオフィスに参集し、ホイットニーからこの原則に基づいた改憲作業の正式な命令を受けます。ケーディスはすぐに滞在先の新橋第一ホテルに戻り、この日のうちに作業チームのメンバーアップを行い、月曜日（4日）には出勤してきたメンバーにその任務を伝えるという運びになります。任命されたメンバーにすれば青天の霹靂だったでしょう。

　メンバーは陸軍の佐官5名、尉官5名、海軍佐官3名、尉官2名、民間人が男性4名、女性6名の計25名です。佐官というのは、大佐・中佐・少佐のことで、大佐は大企業の部長くらいの階級。尉官も同様に大尉・中尉・少尉とあり、大尉であれば、課長と思えば良いでしょう。弁護士資格を持っているのはホイットニーを含め3名。ケーディスなど法律を専門に学んだスタッフもいましたが、憲法の専門家はいませんでした。

　ホイットニーはこの席で、これから作成する草案を、by persuasive argument、つまり「説得を意図した議論

によって」日本政府に受け入れてもらえるよう望んでいると述べ、引き続き、2日の話し合いにおけるマッカーサーの発言と思える言葉を引用しました。

General MacArthur **has empowered** to use **not** merely **the threat of force, but the force itself.**

empower は、ビジネスでよく登場する「権限委譲」です。この文章では、誰に権限を委譲したかがわかりませんが、当然、ホイットニー自身でしょう。したがって、「私に権限を与えた」と読むのが自然です。

use 以下は、not A but B の構文、「AではなくB」です。ここでは、「我われの力による威嚇 (the threat of force)」ではなく、「力そのもの (the force itself)」を使う権限を私に与えたということです。

「諸君がこれから作成する草案を日本政府が受け入れないのなら、我われは占領軍の力をもって、受入れを強制するだろう」という強烈な宣言です。実際にマッカーサーがこう言ったのかどうかはわかりませんが、ホイットニーの意志はここに表れています。

・マッカーサー三原則
ホイットニーの発言に続いて説明された改憲原則は3項から成り立っていますが、ここで解釈するのは三つの

原則のうち二つ、以下がその全文です。なお、三つ目の原則は、封建制の廃止に関するものが主になっています。

①　天皇の地位

　この部分を、簡単に「天皇は象徴となる」と訳した日本の文献もあるのですが、実際には「象徴」（symbol）という言葉は使われていません。

Emperor is **at the head of state**.
His succession is **dynastic**.

　第1文は「天皇は国家元首（the head of state）の地位にあること」。Emperor is the head of state とはせず、at を挟んだのは、「国家元首の地位には留まる」というニュアンスを出したものと思います。政策遂行上、内実はともかく、天皇をその地位に留めた方が良いと考えたマッカーサーの意図が表れた書き方です。
　第2文は「天皇の地位は天皇家で継承されること（dynastic）」。dynastic は王朝（dynasty）の形容詞形、天皇家のやり方でいくということでしょう。ここまでは「形」の話。形の上だけなら、天皇の立場に変化はありません。

　ちなみに、「象徴」（symbol）という言葉ですが、第

2章で述べた1月26日付けのマッカーサーの電信（アイゼンハワー陸軍参謀総長宛）にも登場しました。また、タイプ打ちされたマッカーサー三原則に、ケーディスが「symbol」と手書きしたものが米国のメリーランド大学に保存されています。発案者はわかりませんが、1月下旬にはGHQ内で「天皇はシンボルとする」という認識が生まれていたようです。

天皇や国王を「symbol」とする考え方は、日本国憲法のオリジナルではなく、1931年制定の英本国と自治領の関係を規定したウェストミンスター憲章が基になったようです。GHQの改憲スタッフも、英国のシステムがより日本には合っていると考えていましたから、その所以かもしれません。ウェストミンスター憲章の「王位 (the Crown) は象徴 (the symbol) である」とした原文は次の通りです。

... **the Crown** is **the symbol** of the free association of the members of the British Commonwealth of Nations ...

そして、明治憲法にくらべ、大きな変化が記されているのは次の第3文です。

His duties and powers will **be exercised in accordance with the Constitution** and **responsive** to the basic will of the people **as provided therein**.

　天皇の義務と権能は新憲法に応じて（in accordance with）果たされ、行使される（be exercised）ものであり、さらに、そこに示される（as provided therein）日本国民の意志に応える（responsive）ものである。憲法は定冠詞の the を付けた大文字で始まる the Constitution ですから、GHQがこれから作る憲法草案のことを指しています。exercise は皆さんがジムで行うエクササイズ。義務を果たす、権力を行使するという意味があります。

　本書の主題は日本国憲法をめぐる交渉過程であり、憲法の条文そのものではないので、ここで条文の細部に触れることはしませんが、第1文の「国家元首」という表現は現行憲法にはなく、第1条の「天皇は、日本国の象徴であり日本国民統合の象徴であって」となって登場します。symbol という言葉が活かされました。第2文は、第2条の「皇位は世襲のものであって」で表現されています。第3文は、第4条の「天皇は、この憲法に定める告示に関する行為のみを行ひ」という部分と、第1条の後半部分「この地位は、主権の存する日本国民の総意に基づく」に表れてきます。

② 戦争の放棄

War as a sovereign right of the nation is abolished. Japan renounces it as an **instrumentality** for **settling its disputes** and even for **preserving its own security**.

　この部分が、現在でも議論の尽きない日本国憲法の第9条になります。冒頭の War as a sovereign right of the nation は、ほぼそのまま現行の憲法にある「国権の発動たる戦争」となります。これが廃止される (is abolished) わけです。

　次の文の Japan renounces it の it は前文の War を指します。その後に続く settling its disputes (国際紛争の解決) と preserving its own security (自国の安全保障) の its は、この文の主語の Japan のことです。it の読み取りに苦労する文章。

「国際紛争の解決、それだけでなく、自国の安全保障の手段 (instrumentality) としても、戦争を否定 (renounce) する」という意味になります。

It **relies upon the higher ideals** which **are now stirring** the world for its defense and its protection.

　意訳ですが、日本は（戦争や武力行使にくらべて）「よ

り高邁な理想（the higher ideals）」に依拠した（relies upon）　行動をとるということです。どんな理想かというと、「今日、国家の防衛に関して世界を動かしている（are now stirring）」もの。これは、後述する国際連合憲章の制定、さらに、パリ不戦条約などを指すものでしょう。現行の憲法では、第9条の冒頭にある「日本国民は、正義と秩序を基調とする国際平和を誠実に希求し」という部分に当たるでしょうか。

No Japanese Army, Navy, or Air Force will ever be authorized and no rights of **belligerency** will ever be conferred upon any Japanese force.

最後の No Japanese army 以下の原則は、現行憲法で常に話題になる第9条の (2)「陸海空軍その他の戦力はこれを保持しない。国の交戦権（belligerency）はこれを認めない」に反映されています。

さて、すでにお気づきになった方がいるかもしれません。マッカーサーの原則には、戦争を国権発動の手段として否定をする目的が「国際紛争の解決」と「自国の安全保障」になっていますが、現行憲法では後者が落ちています。

GHQも、2月13日の会談で提示することになる草案には、「自国の安全保障」を反映しませんでした（巻末

の資料第8条参照)。ただし、「永久に (forever)」という言葉を追加しています。

The threat or use of force is **forever renounced** as a means for settling disputes with any other nation.

　未反映の理由として考えられるのは、前年に調印された国際連合憲章（第51条）が武力による自衛権を認める形になっているため、自国の安全を守るための武力まで否定するのは無理と考えたのかもしれません。ケーディスも晩年のインタビューで「それには無理があると考えた」と答えています。

　また、この部分の、戦争を否定する、放棄するという renounce を使った表現ですが、これは日本国憲法独自のものでもないようで、先に述べた1928年のパリ不戦条約や、1935年に定められたフィリピンの憲法（1987年制定の現憲法も同様）にも「国家政策の実施手段としての戦争を放棄する」(renounces war as an instrument of national policy) という表現が見られます。原則を作成したホイットニーはフィリピンで法律業務に従事していましたから、この戦争放棄の表現を知っていたのでしょう。この表現を基礎として、マッカーサー三原則に応用したことは推定できます。

VI. 2月6日のチェックシート

　書き方から察して、GHQのチェックシートというのはメモランダムより軽く、作戦や計画の進捗状況をチェックして上官に報告する類のもののようです。この2月6日のチェックシートは箇条書き形式で記され、前述のメモランダム同様、発信者はホイットニー、宛先はマッカーサーです。

　まず、日本側の草案が明日（7日）に届くことを伝え、米国国務省の（在日）政治顧問部に批判されないためにも草案は受け取るが、始まったばかりの改憲作業については厳秘にしておくこと、次に、草案は週末を前にほぼ完成することを報告しています。

　ここではチェックシートにある5項目のうちから、ホイットニーの「作戦」に関連する部分を取りあげておきます。

・秘密の「作戦」

I am holding the work of this section on constitutional revision **under the cover of absolute secrecy**, and I am sure that the Japanese authority with whom I am to confer next Tuesday on their draft **will have no prior information concerning ours**.

第3章　改憲への道

　これはメモの前文です。改憲に関し、ホイットニーのチームが行っている作業については「厳秘にしておく(under the cover of absolute secrecy)」、さらに、次の火曜日に会談する日本側メンバーは「我われの計画についての事前情報はまったく持っていないはずである(will have no prior information)」としています。次の火曜日の会談というのが2月13日の会談。2日のメモでは「例えば12日」となっていましたが、この時点では13日の水曜日に延期されています。

　徹底した秘密主義。13日の会談でGHQ草案をいきなり出して、日本政府の鼻を明かしてやろうという意図でしょう。

The Office of Political Adviser apparently has been **tipped off by Dr. Matsumoto** that their draft **is to be submitted** here and **they are prying for information**.

　これはチェックシートの4項目の抜粋です。The Office of Political Advisor というのは、米国の国務省が東京に置いている「政治顧問部」のことで、第2章に述べた近衛文麿に関わる一件以来、GHQとの関係は良好ではありません。

　tip off (been tipped off) は「密告する（密告される）」

という意味。この文章は、「松本国務相によって、that 以下のことが政治顧問部に間違いなく密告されている」ということです。密告されたのは、日本政府案がGHQに提出されること（is to be submitted）。and の後の they はその政治顧問部です。彼らが「その草案について、あれこれ調べている（they are prying for information）」という表現がありますが、この事態はGHQにすれば好ましいことではありません。

I **may have to concede the receipt of such a draft**, but intend to **keep that office** equally **in the dark** concerning **any work we are here doing** in the same field, or as to what **our future plans** are.

そこで、ホイットニーは「妥協しなければならないだろう（may have to concede）」と言います。その妥協とは「その草案を受け取ること（the receipt of such a draft）」。草案というのは、もちろん日本政府の憲法草案のことで、13日の会談を前に公式に打診されるものです。

彼は2月2日のメモランダムで「受け入れられない草案が出てしまえば、最初からのやり直しを命令しなければならない。それならば、最初からこちらの意志を明確

にしておくのが上策だ」と書いていますから、本来、日本政府の草案など受け取りたくない。しかし、それでは（日本草案が提出されることを知っている）政治顧問部への説明が立たないから、「受け取るだけ受け取っておこう」と妥協せざるを得ないというのです。建前上、憲法は日本政府が自主的に作成することになっており、GHQもその草案を突き返すわけにはいきません。

しかしながら、「我われが今していることはすべて（any work we are here doing）」さらに、「将来の計画（our future plans）」についても、政治顧問部（that office）には「知らせないでおく（keep 〜 in the dark）」としています。この場合のin the dark は暗闇ではなく、知らない状態のこと。米国側が一枚岩でないことが明らかですが、ホイットニーにすればこれも規定路線です。

The initial draft of our revised constitution will **be ready for your consideration prior to the week-end**, excepting modifications in detail. I am sure that, from present progress, it will prove **a satisfactory document**.

最後になる5項目です。「最初のGHQ草案はこの週末以前に（prior to the week-end）あなたが検討できるようにする（be ready for your consideration）」とあります。金曜日にできあがるとすれば2月8日。草案の作成チー

ムが招集されたのは4日の月曜日ですから、もの凄いスピードであることがわかります。最後には「満足のいく案(a satisfactory document)になるはずです」と書いてチェックシートを締めくくっています。

　さて、ここまでが2月13日の会談に至る背景です。米国側ではさまざまな組織や人間が対日政策に絡んでいますが、こと改憲に関しては、舞台回しをしているのはホイットニーであることがよくわかりますね。

第4章
2月13日の会談

❖　　　❖　　　❖

　この歴史的ともされる会談について調べていくと、大概は「2月13日の会談は旧外務大臣公邸で行われた」という記述に出会うはずです。少し詳しい文献やインターネットにあたれば、この「旧外務大臣公邸」は「麻布市兵衛町にあった原田積善会の建物」と書いてあるでしょう。

　旧麻布市兵衛町というのは、かなり広い町域を持っていますが、この「原田績善会の建物」があったのは現在の六本木一丁目。高級な高層マンションが立ち並ぶ閑静な街にあるアーク八木ヒルズというビルの位置になります。残念ながら「原田績善会の建物」は現存しませんが、その跡地に建てられたアーク八木ヒルズの正面右手には、

アーク八木ヒルズにある「日本国憲法草案審議の地」碑

プロローグでご紹介した「日本国憲法草案審議の地」という碑、そして、このビルにオフィスのある八木通商の手による史実が記されたプレートもあり、これからお話しする1946年2月13日の会談をしのぶことができます。

　ちなみに、「原田積善会の建物」の原田は、明治・大正期の鴻池の経営者、原田二郎。原田積善会は現在も活動を続ける公益財団です。

Ⅰ. 会談の流れ

　本題に入りましょう。この会談の出席者ですが、日本側が吉田外相、松本国務相、白洲終戦連絡中央事務局参与（GHQの記録では外相補佐役になっています）、そして、外務省の長谷川通訳。米国側はホイットニー民政局長、ケーディス同局次長、ラウエル、ハッシー両民政局員の計8名です。

　当日は冬晴れで日差しのまばゆい木曜日。午前10時、日本側がこの公邸でホイットニー一行を迎える形で会談が始まりました。

　会談の流れの概要を述べると、次のように整理できます。

1．メンバーの入室

　GHQメンバーが、日本側の草案がテーブルに置かれたサンポーチに入室する。

　サンポーチというのは、日差しが入るようにガラスで囲まれた部屋のこと。東京の2月の晴天といえば、小春日和と言うには多少寒くとも、カラッとした冷たい空気が感じられる気持ちの良い気候であったはずです。

2．会談の開始
　しかし、会談は冒頭から厳しい雰囲気。日本案の説明を始めようとした松本国務相の言葉を遮るように、ホイットニーがいきなり権高なトーンで「日本の草案は受け入れられないので、こちらの草案を持ってきた」と発言。GHQの憲法草案を手渡す。

3．GHQ側の休憩
　驚く日本側を背に「検討の時間を与える」として、GHQメンバーは、日差しの心地良い中庭に出て雑談を始めてしまう。

4．日本側は草案の解読
　呆気にとられる日本側だが、ともかくもGHQ草案の解読を始める。いち早く読み終えたのか、吉田外相から指示をされたのか、白洲次郎が庭に出てGHQメンバーとの雑談に加わる。

5．会談の再開
　20分後に会談が再開され、まず、松本国務相が「こちらの案とあまりに違うので、首相に相談する必要がある」と告げたうえ、草案にある「一院制」の背景について質問する。

6. 会談の終了

　ホイットニーがその質問に答える。さらにGHQ側は憲法草案に関するマッカーサーの意向を伝え、「日本側の返事を待つ」として会談は終了する。

　GHQ側は11時10分に公邸を去ったとされていますから、2月13日の会談というのは、GHQメンバーが庭で雑談をしている時間を含めても1時間10分。中庭での雑談時間が20分、送迎の挨拶に5分。さらに、会談の一部は通訳を介したものですから、一ヶ国語で行う時にくらべれば3割程度の時間のロスがあったでしょう。つまり、実質はたった30分程度の会談ということになります。

II. 二つの記録

　この会談について、本書の趣旨に沿ってどのように書けば面白いものになるかを考えてみたのですが、いくつかの資料を読んで気づいたのは、日米双方にある会談の記録でのニュアンスの違いです。

　日米双方の資料とは、まず松本国務相の書いた手書き

のメモ、もう一つはGHQの作成した記録です。思い出していただきたいのは、この会談が吉田外相の言う「オフレコ (off the record − 2月2日のメモランダム)」のものであること。したがって、前者は公式文書というより備忘録的なもの。後者も公式な記録ではなく、主にマッカーサーへの報告を意識したものと考えられます。

この二つの記録からは、第2章と第3章で述べた日米の改憲に対する思惑の違いや、米国側の高圧的な態度がはっきりと読みとれます。本章では、以下の四つの視点に注目し、比較をしながら解釈していくことにします。

① ケーディスは誰に向けて会談記録を書いたのか
② 米国国務省、極東委員会に関してのGHQの二枚舌
③ 日本側はGHQ草案をどう受け止めたのか
④ GHQの脅迫的な言いぶり

Ⅲ. 誰に向けての会談記録か

話し合いの内容を、私見を交えず、事実のみ記録するものが議事録であるとすれば、GHQの記録は米国寄りで、日本側への悪意さえ感じられる書きぶりです。日本側一人ひとりの動き、態度、表情などに関する記述が多く、

堅牢な文章で構成されてはいるものの、通常の議事録らしからぬ記録になっています。内容や文章のクセから考えて、主筆したのはケーディスでしょう。

これに対し、松本国務相のメモは、余計な修飾のないシンプルな記録です。これは誰のために、あるいは何のために記録を残すのかという議事録作成の目的が関わっているのですが、まずは、そんな視点で会談全体の展開を見ていきましょう。

・青天の霹靂

ホイットニーが話を始める部分です。

General Whitney at once **throttled any discussion** of the Matsumoto draft **by saying slowly, weighing every word** ...

throttleというのは「人の首をしめる」、転じて「抑える」という意味。バイクに付いているスロットルです。ホイットニーが「一言ひとことをゆっくり重々しく語り出し (by saying slowly, weighing every word)」、松本国務相があれこれ議論 (any discussion) するのを抑えた (throttled) ということです。松本国務相があらかじめテーブルに並べておいた日本側の案を説明し始めたところで、ホイットニーが声高にそれを遮って話し始めたの

第4章 2月13日の会談

でしょう。

そして、ホイットニーの爆弾発言です。

The draft of constitutional revision which you submitted to us the other day, is **wholly unacceptable** to the Supreme Commander as a document of freedom and democracy.

日本語としての体裁を整えるために、若干の意訳をしておきます。まず、「あなた方が先日提出した改憲案は、自由と民主主義を体現する草案として、到底、最高司令官が受け入れられるものではない (wholly unacceptable)」と切り出します。

The Supreme Commander, ... has approved **this document** and directed that I present it to you as one **embodying the principles** which **in his opinion** the situation in Japan **demands**.

そして、「最高司令官は、この草案 (this document) を了承し、私からこれをあなた方に提示するよう指示された。この草案は、現在、日本の置かれた状況が求める (demands) 憲法の原則 (the principles) を体現した (embodying) ものであると最高司令官は考えている

(in his opinion)」と続けています。

　ケーディスの記録全般を通じて言えることですが、主人公のホイットニーをあまり主語にはせず、最高司令官、つまり、マッカーサーを主語にした文章を多用し、あたかも最高司令官 (The Supreme Commander) がその背後にいて、ホイットニーはその代理であるかのように語りかけていきます。しかし、前章までの説明でおわかりの通り、事実上の舞台回しをしているのはホイットニーです。

　一方、松本国務相のメモは事務的で、簡潔に書かれています。

ホイットニー少将等、先方提案数部を交付し、極めて厳格なる態度を以って宣言して曰く、
1. **日本政府より呈示せられたる憲法改正案は司令部にとりて承認すべからざるもの (unacceptable) なり。**
2. **此当方の提案は司令部にも、米本国にも、又、連合国極東委員会にも何れにも承認されるべきものなり。**

（原文は漢字とカタカナのみであるため、読みやすくなるように漢字の一部を修正し句読点を加筆している）

　メモは箇条書きで、項目は全部で四つあります。また、この項目2の内容はGHQの記録と明らかに違っていま

第4章　2月13日の会談

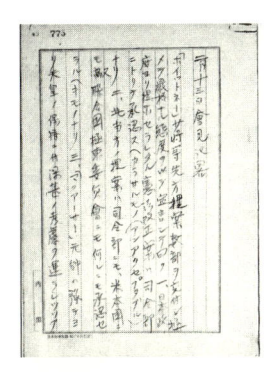

松本国務相のメモ

すが、このあたりについては後で述べることにしましょう。

　自分たちの作った草案について話そうと思っていた日本側にすれば、これは青天の霹靂。その日本側の反応について、GHQの記録にはこう書かれています。

At this statement of General Whitney, the Japanese officials **were obviously stunned**.

　stun は「気絶させる」という他動詞です。受身形で使われていますから (were stunned)、「唖然とする」。これに「明らかに (obviously)」が付いているので、適当な日本語は「ぶちのめされた」になるでしょうか。「ホイットニーの発言を聞いた日本側の出席者は、驚きで言

葉も出ない様子だった」ということです。

Mr. Yoshida's face particularly **manifesting shock and concern**. The whole atmosphere at this point was charged with **dramatic tenseness**.

さらに描写は続きます。吉田外相の表情には「驚きと不安(shock and concern)が表れて(manifesting)いた」。この manifest は、形容詞に使われると「明白な」、この場合のように動詞であれば「証明する」とか「(人が)感情などを表す」という意味になります。ちなみに、選挙のたびに話題になるマニフェストは manifesto。イタリア語の「はっきり言う」という意味から、「政党宣言」になります。

最後の文章は、「この場全体の雰囲気は、劇的な緊張感(dramatic tenseness)に包まれていた」です。

書き手であろうケーディスの「ざまぁみやがれ」という気持ちが行間に出ています。ここはもう小説の世界の表現で、議事録としては奇異です。

・中庭での会話

さて、ホイットニーは自分たちの草案を日本側に手渡すと、「あなた方に検討する時間を与えよう」と伝えて、他のメンバーと2月の陽光も麗らかな中庭に出ていって

しまいます。ずいぶんと失礼な話ですね。

15分ほどすると、白洲次郎が米国側の様子を見に来ました。その彼にホイットニーがこう話しかけます。

... General Whitney quietly observed to **him**: "We are out here enjoying **the warmth of atomic energy**".

文中のhim は白洲次郎のことです。「庭に出て、原子爆弾のエネルギーによる暖かさを楽しんでいたところだよ」。

広島と長崎に原子爆弾が投下されたのは、この会談より半年前の8月。日本人にはその記憶が未だ生々しい時期です。the warmth of atomic energy とtheを付けていますから、単なる「原子力 (atomic energy)」というより「(あの) 原子爆弾のエネルギーによる暖かさ (warmth)」がふさわしいかもしれません。

ホイットニーは後年、『MacArthur, His Rendezvous with History』(1956年、Alfred A. Knopf 刊) というマッカーサーの伝記を執筆していますが、その本の中では自身のセリフを次のように変えています。

We have been enjoying your **atomic** sunshine.

atomic には「非常に小さい」という意味もあります

から、「2月のちょっとした日差しを楽しんでいた」と取れないこともありません。ホイットニーにも良心の呵責が多少はあったのでしょう。このセリフを言った理由として、反応の鈍い日本側に対する「心理的な追い討ち (another psychological shaft)」であったと書かれていますが、まったく品のない追い討ちです。

• 会談再開

10時45分頃、サンポーチにいる日本側メンバーの指示を受けた白洲次郎が、会談再開の準備ができた旨をホイットニーに告げます。ここからが実質的な話し合いです。GHQの記録は、会談における日本側の大将株、吉田外相とGHQのトップ、ホイットニーの態度を次のように比較しています。

During all the time that General Whitney talked, Mr. Yoshida rubbed the palms of his hands **slowly, back and forth**, along his trousers.

ホイットニーが話している間中、吉田外相は「その手のひらで、ゆっくりと (slowly)、そして、前へ後ろへと (back and forth) ズボンをこすっている」。ニュアンスを汲んで訳せばこんな感じでしょうか。これに対し、ホイットニーはどうでしょうか。

第4章 2月13日の会談

General Whitney spoke with great **deliberation**, intense **conviction**, and with a **profound solemnity** which obviously made a **deep impression** upon the Japanese party.

ホイットニーの言葉は「深い思慮（deliberation）と確信（conviction）、さらに厳粛さにあふれ（profound solemnity）」、その重厚さが「日本側に深い印象（deep impression）を与えるものとなった」とあります。

相手の手の動きをslowlyとかback and forthといった細部まで表現して、その落ち着きのなさを表現するというのは、およそ、議事録には不要な表現です。一方、ホイットニーの描写は褒め過ぎではないでしょうか。

会談が終わり、GHQが外相官邸を去る部分ですが、彼らにとっては、おそらく「小生意気な」存在である白洲次郎に関する描写があります。長くなりますが全文を引用しておきましょう。

As General Whitney rose to depart he asked Mr. Shirasu for his hat and gloves. Mr. Shirasu, who is normally a **very calm and debonair** person, was **so flustered** that he first started for an anteroom near the entrance of the

117

house and then, remembering that he had placed our caps and gloves in the library adjacent to the sun-porch, rushed back again, procured General Whitney's cap and gloves and **showed visible indication of extreme nervousness** as he handed them to General Whitney.

　帰り際に、ホイットニーが「帽子と手袋を取って欲しい」と頼むと、普段は「とても落ち着いてスマートな (very calm and debonair)」白洲次郎が、「動揺が大きかったのか (so flustered)」帽子と手袋を探してあっちこっちの部屋を行き来したと、その様子が描かれています。

　そして、ホイットニーに帽子と手袋を渡す段になると、「極度の緊張感が見て取れた (showed visible indication of extreme nervousness)」とあります。白洲の性格や普段の態度を考えると、ここまでの狼狽は考えがたく、たとえそうであってもそれを表に出すような男ではありません。おそらく、白洲を快く思っていないケーディスが誇張して書いたのでしょう。行間からは白洲への悪意さえ感じられます。

　もちろん、こうした両者の態度に関する記述は、事務的な松本国務相のメモにはまったくありません。

・記録は目的に従って書かれる

　私も議事録を作成する時に気がつくのですが、社内報告用はどうしても自社を有利に、そして、自分の功績が目立つように書きたくなるものです。しかし、それを懸命に抑えてクールに書くのが公式な議事録。それを思うと、このGHQの記録はオキテ破りです。会談内容の記録であるべき議事録の範囲を超え、自分たちの功績を小説のように描いたものという気がします。

　後年、この会談に出席した白洲次郎が、自身のエッセイ『プリンシプルのない日本』の中でこんなことを書いています。

**　GHQの行き方というか態度というか、そのなかに終始一貫してあったことは心理的には色々の施策の対象が日本及び日本人ではなくて、ワシントン政府及び米本国であった。**

　この会談は「オフレコ」であり、公式な記録は不要ですから、GHQの記録は局長であるホイットニーのために作られ、ホイットニーはこの記録をマッカーサーに見せるために作らせたのでしょう。自身の備忘録である松本国務相のメモとは目的がだいぶ違います。

Ⅳ. GHQの二枚舌

　第2章で、GHQにとっての「目の上のタンコブ」と書いた極東委員会（Far Eastern Commission）、そして、ホイットニーが2月6日のチェックシートで「知らせないでおく」とした国務相の政治顧問部（Office of Political Advisors）。ここでは、それぞれの組織に対し、GHQが自らの憲法草案をどうすると伝えたのかについて、二つの記録を対照させながら調べてみましょう。

　まず、先ほど述べた松本国務相のメモをもう一度読んでみます。

2. 此当方の提案は司令部にも、米本国にも、又、連合国極東委員会にも何れにも承認されるべきものなり。

（原文は漢字とカタカナのみであるため、読みやすくなるように漢字の一部を修正し句読点を加筆している）

　ホイットニーは提出された草案に関し、（連合国軍）司令部、米本国（つまり国務省でしょう）、さらに極東委員会にも「承認されるはずのものである」と言ったと記録されています。これに対し、GHQの記録は次のようになっています。

This Constitution represents **the principles** which the Supreme Commander and the Allied Powers **are willing to accept as a basis** for the government of Japan ...

　こちらは、米本国、極東委員会について一切触れず、「この草案にあるプリンシプル（the principles）は、日本政府の基盤として（as a basis）連合国も受け入れる予定のものである（are willing to accept）」とだけ書かれています。受け入れられたのは草案ではなく、おそらくマッカーサーの三原則でしょう。松本国務相のメモにある内容とはだいぶ違います。

... because the principles **enunciated** in this document **provide** a basis for free democratic government in Japan and for **carrying out** the terms of the Potsdam Declaration".

　なぜ、連合国が受け入れるのかというと、この草案に明示された（enunciated）原則が「民主的政府の基盤を提供（provide）するから」であり、また、「ポツダム宣言の内容を実現（carrying out）するため」であるということで、ここには2月1日のメモランダムにあった、改憲を行う法的根拠がほぼそのまま書かれています。

この発言は、GHQの記録によれば通訳を介してはいませんが、ホイットニーがゆっくり話すことでコミュニケーションを図ったものです。GHQの記録にも、松本国務相はホイットニーの話を「すべて理解できたと言った」と書かれています。つまり、二つの記録の違いは、書き手であろうケーディスが実際の発言内容をゆがめて記録したことの証左であると言えるでしょう。

　理由は憶測できます。2月6日のチェックシートから読み取れるように、ホイットニーはGHQで草案を作り、提示するという話を松本国務相には隠しておくつもりでしたし、「目の上のタンコブ」である極東委員会にも草案を提出したことなど言いたくありません。その反面、日本側には、国務省や極東委員会に黙って草案を提出したと理解されたくないのです。しかし記録を残す限り、公開されること、漏れてしまうことはあるでしょう。そのために、実際の発言とは異なった記述をするという二枚舌を使わざるを得ないのです。ここはGHQの立場がよくわかる部分でしょう。

第4章 2月13日の会談

Ⅴ. 日本側の受け止め方

次に、日本側のGHQ草案に対する受け止め方を見てみましょう。

まずは、松本国務相のメモを読んでみます。ホイットニーの言葉を彼はどう理解しているでしょうか。

3.「吾人は日本政府に対し、此の提案の如き改正案の提示を命ずるものに非ず、然も、此の対案と基本原則(fundamental principles)及、根本形態(basic form)を一にする改正案を速に作成提示せられんことを切望す」と

(原文は漢字とカタカナのみであるため、読みやすくなるように漢字の一部を修正し句読点を加筆している)

GHQの記録にも、同じ点について記述された部分があります。

General Whitney **reiterated that**[①] it was **not his intention to imply that**[②] the draft Constitution must be accepted **in its entirety but** only **that**[③] all of the basic **principles** contained in the document must also **be provided for** in **any Constitution** that the Supreme Com-

123

mander would support.

　少し難文です。①の that 節にあるのは、not 〜 but 〜、つまり「〜ではなくて、〜である」の構文です。「〜」にあたる節が二つあり、それが②と③の that に続く節、両方ともマッカーサーが imply、つまり「示唆する」に関わる内容です。

　最初に出てくる①の that は、主文の動詞 reiterated の内容を受けるもの。reiterate は、ビジネス交渉でも強調したいことをくり返す場合によく使われる「再度言う」という動詞です。

　文法の講釈はこのくらいにして内容を訳してみると、②の that 節に言う「この草案を丸ごと (in its entirety) 受け入れろとマッカーサーは示唆 (to imply) したいのではない」。request や order とはせず、imply を使うところにホイットニーの外交力を感じないでもありません。これで「強制性」が低くなるのです。

　マッカーサーが「示唆」したいのが③の that 節。訳しにくいところですが、「最高司令官がサポートするのはどんな憲法であれ (any Constitution)、この草案に含まれた基本的な原則 がすべて (all of the basic principles) 備えられて (be provided for) いる」憲法であり、マッカ

ーサーはそう示唆しているのだというのです。「三つの原則を備えていればどんな憲法でも良い」ともとれなくはありません。

ざっくりと言ってしまえば、「丸ごと受け入れろと言っているのではない、原則を備えた憲法ならいいぞ」とマッカーサーはくり返しているのです。

松本国務相のメモとくらべてみてください。彼は、この部分を「GHQがその草案と基本原則や根本形態が同じ草案を速やかに提出せよと切望した」と理解しています。しかし、この「最高司令官がサポートするのはどんな憲法であれ、この草案に含まれた基本的な原則がすべて備えられていなければならない」というホイットニーの言い回しは曖昧で、「草案を提出せよ」とは理解しがたい。二枚舌を使わざるを得ないGHQは明確な記録が残せなかったのかもしれません。

実際、日本側は会談後、GHQの意図をめぐって、「この草案を呑めということだろう」とする白洲次郎と、「いや、これを基に日本側で書き直せという要望だ」とする松本国務相の間に理解の齟齬が出始め、以降、3月5日の草案が仕上がるまで、日本側はGHQの明確な意図の解釈に苦労し続けます。

VI. 脅迫的な言いぶり

　後に、この会談に出席した白洲次郎が、日本側はGHQの草案を「押しつけられた」と言っています。また、このGHQによる「憲法の押しつけ論」は今日でも根強く存在します。その主たる論拠の一つが、この会議で述べられた（とされる）ホイットニーの脅迫とも言える発言です。2月2日にスタッフを集め、「草案を日本政府が受け入れないのなら、我われは占領軍の力をもって、受入れを強制するだろう」と宣言した彼が、その気持ちを発揚させたのでしょう。

　ホイットニーは「このままそっくり日本の憲法にしろ」とは言っていないのですが、実際には「このままで納得しろ。さもないと…」といった脅迫的なニュアンスが感じられる部分が存在します。ここでは、そうした部分を取り上げてみましょう。

・天皇の立場

He feels, however, that **acceptance of the provisions** of this new Constitution **would render the Emperor** practically **unassailable**.

　冒頭の He はマッカーサー。the provisions というのは、

この場合、憲法草案にある条項のことです。マッカーサーは「新憲法の条項を受け入れること」が、would以下のことにつながると考えている (feels) のです。

wouldに続くrenderは「（人を）〜にする」。この場合の「人」にあたるのは、「天皇 (the Emperor)」です。そして、unassailable は「攻撃する (assail)」から派生した形容詞で「攻撃できない」、つまり「安泰」ということです。全文を訳すと、「マッカーサーは、この新しい憲法にある条項が受け入れられるなら、天皇は安泰であろうと考えている」という意味になります。

この文章の前に、「天皇を戦犯として調査しようという外部からの圧力が増している (increasing pressure from the outside to render him subject to war criminal investigation)」との記述があるので、この場合の「安泰 (unassailable)」というのは「いわゆる『戦犯』として訴追されはしない」ということでしょう。日本側がこだわる天皇の立場が安泰であることを保障する部分ですが、当然、その裏には「受け入れないなら、その保障はないぞ」との脅しも隠されています。

では、松本国務相のメモにはどう書かれているでしょうか。

4. 日本政府が此の提案の如き憲法改正を提示することは、右の目的達成の為、必要なり、之なくしては天皇の身体（person of the Emperor）の保障を為すこと能わず。

（原文は漢字とカタカナのみであるため、読みやすくなるように漢字の一部を修正し句読点を加筆している）

　まず、冒頭の部分が明らかに違います。GHQの記録では「この新憲法の条項が受け入れられれば」とありますが、松本国務相のメモでは「日本政府が此の提案の如き憲法改正を提示することは」となっています。ホイットニーはそのままを「押しつけた」形ですが、松本国務相はそれを「自主改正案の提示」と理解したことになります。

　松本国務相のメモにあるperson of the Emperorは、「天皇個人」を意味するものと理解できますが、実際に使われていたとすれば、かなりきわどい表現でしょう。

　日本側の責任者である松本国務相にすれば、「改憲は自分の手で行いたい」という希望は持っていたはずで、その気持ちがホイットニーの英語をこのように理解させたのでしょうか。後に、白洲次郎はエッセイの中で、「松本先生は、日本側にも独自案作成の余地があったと考えていたようだが、僕にはそんなことはまったく考えられ

なかった」と書いています。

　どちらが事実に近いのかを知るのは難しいと思いますが、間違いがないのは、天皇の地位の保障を条件にホイットニーがマッカーサー三原則の受入れをせまったということであると思います。

・国民への提示

The Supreme Commander has directed me to offer this Constitution **to your government and party for your adoption** and **your presentation to the people** with his full backing **if you care to do so, yet he does not require this of you**.

　この部分は、直接の脅迫ということではありませんが、マッカーサーが憲法草案を提示した目的は「今の政府と（日本側メンバーの）政党 (to your government and party) の採択を得ること (for your adoption)」であり、さらに「もし、あなた方がそうしたいのであれば (if you care to do so)」、「国民に（あなた方が）開示すること (your presentation to the people)」であるとします。

　ただし、この文章の後に、「しかし、マッカーサーはあなた方にそれを求めるものではない (yet he does not require this of you)」と付いています。この this は、先行する「国民への開示」を指します。強制ではないとす

るための言い訳をくっつけたのでしょうか。

He **is determined**, however, that **the principles therein stated shall be laid before the people -- rather by you -- but, if not, by himself**.

　ここから匕首が出てきます。しかし、マッカーサーは次のことに「意を決している（is determined）」のです。何に意を決しているかというと、「この草案にある原則（the principles therein stated）を国民の前に明らかにするつもりである（shall be laid before the people）」ことです。
　ここにも条件節が付いていて、「我われは、それをあなた方がすることを希望するが、あなた方がしないのなら（rather by you but, if not）」、マッカーサー自身が行う（by himself）とします。

　ホイットニーは、メモランダムの別の箇所で次のようなコメントもしています。「国民はマッカーサー三原則を歓迎するはずだ。キミたちはそれでいいのか」という脅迫ともとれる内容です。

The Supreme Commander, however, being **fully** conscious of **the desperate need** of the people of Japan for a liberal and **enlightened** Constitution ...

　be conscious of 〜 は有名なフレーズ、「〜を知っている」です。「完全に (fully) 」が入っていますから、「〜について熟知している」ということになります。マッカーサーが何を熟知しているかというと、「日本国民の強烈な要望 (the desperate need) 」です。そして、国民の要望の対象は「自由で原則の明確な (enlightened) 憲法」。enlighten の意味は難しいですが、ここは背景を考えて「原則の明確な」としました。

　ホイットニーは、日本国民がマッカーサー三原則に反対するはずがないと踏んでおり、日本側がGHQ草案に抵抗するのはおかしいと考えていたようです。これはある程度的を射た読みで、会談内容が報告された2月19日の閣議で芦田均厚相は、原則が公開されれば、マスコミはGHQ草案を支持し、内閣は危機に陥る。次の総選挙も不利、改憲作業も頓挫する旨の発言をしていますから、政府の認識もホイットニーのそれに近い。

　つまり、国民への原則公開も、現政府に対するGHQの脅迫ということになる可能性があります。

・**公職追放**
　マッカーサーは、この会談が行われるひと月前の1月、戦争に関与したとされる人物の公職追放を開始。幣原内

閣でも松本国務相を含む閣僚6名が追放に該当したため、首相は国務相などの追放に猶予を得たうえ、内閣改造をも余儀なくされています。この事実を背景に次の発言を考えれば、次の言いぶりは日本側に脅迫と取られても仕方のない内容でしょう。

General MacArthur feels that this is **the last opportunity** for **the conservative group, considered by many to be reactionary, to remain in power**; **that** this can only be done by **a sharp swing to the left**; ...

「保守派（the conservative group）」というのは、日本側のメンバーのことを言っています。さらに、「多数から反動派と理解されている（considered by many to be reactionary）」とまで書いていますから、GHQにすれば、吉田外相も松本国務相も国民の支持のない旧守派と理解されていたのでしょう。「これは旧守派が権力に留まれる最後のチャンス（the last opportunity）だ」とマッカーサーが考えているという意味です。そのためには、「左翼へと舵を取るしかない（a sharp swing to the left）」。thatは、前文の「権力にいられる（to remain in power）を受けるものと理解しました。

「左翼」というのは、戦前・戦中体制にとらわれない、自由で民主的な発想のできる政治家といったニュアンス

でしょう。

... and **that** if you accept this Constitution **you can be sure** that the Supreme Commander **will support your position.**

thatは、前出のGeneral MacArhur feels につながっています。「この憲法（草案）を受け入れるなら、最高司令官はあなたたちの地位を保障する（will support your position）と思ってくれて構わない（you can be sure）」。これもホイットニーが宣言した「力による威嚇ではなく、力そのもの」を使うということでしょうか。

日本側は「ヒドイことを言いやがる」と思ったでしょう。もちろん、松本国務相のメモにこの発言に関する記述はありません。

やはり、GHQの記録から受け取れる印象は、「この草案をこのまま受け入れるべきだ」というのがホイットニーの本音であったということです。しかし、前にも述べましたが、日本側では、GHQのそんな意図を察した白洲次郎と、改憲を主導したい思いの強い松本国務相の間に理解の齟齬があります。

その齟齬は、次章でご紹介する白洲次郎の「ジープウェイ・レター」につながっていきます。

第5章
ジープウェイ・レター

❖　　❖　　❖

　さて、2月13日の会談を終えた日本側ですが、誰にも共通するのは「ホイットニーの野郎、こんな手で来やがったか」といった気持ちでしょう。しかし、GHQが草案を作ったことへの驚きは共通であっても、事前に得た感触から、GHQの要求が強力だと確信した白洲次郎と、自主的な改憲に望みをつないでいた松本国務相では認識の差があります。

　会談の結果はすぐに幣原首相に報告されたようですが、GHQの草案が「指令」なのか、それとも参考程度なのかについては、日本側に意見の一致がありません。「まさか、他人の憲法まで作るまい」という認識が根強いし、極東委員会の動きに絡んだGHQの切迫感など日本側にわかるはずもありません。白洲が「これは強制だ」と主張しても、松本国務相は自主的改憲についての希望を捨て切れない。

　そこで、吉田外相、松本国務相の意向を汲んだ白洲は、会談のあった13日、そして翌14日とGHQを訪ね、ホイットニーやケーディスに、手を変え品を変え「草案まで出したのはいったいどういうつもりなのか」を確認しようとします。しかし、彼が得た感触は「やはり、これ

は指令に近い」というものでした。
　そんな情報を基礎に、吉田外相、松本国務相、白洲次郎の三者はさらに相談を重ねますが、その話し合いの結果として作成されたのが、この2月15日付けで認められた「ジープウェイ・レター」です。

　本章では、文章の構成や表現に力点をおいて説明していきます。

I．導入部

As you seemed to have been **a little interested in my few remarks**, when I **ran into** you at the G. H. Q. building yesterday, ...

・出だしは遠慮がちに

まず、書き出しのパラグラフ。「私のコメントにあなたがちょっと興味を持たれたようなので」（a little interested in my few remarks）という冒頭部の節で手紙を書いた理由が述べられています。遠慮深い書き出しですね。白洲にすれば、GHQから「この件はもう終わったはずだ」と言われたくはないでしょうし、相手の意向も確認したい。そんな気持ちが、こんな書き出しにさせたのだと思います。

ホイットニーが興味を示したコメント（my few remarks）というのは、13日の会談以降の日本側の動きに関する白洲の意見ということです。

意見を述べた場所はGHQ司令部、時間はホイットニーに「ばったり会った」（ran into 〜）時とあります。run into 〜 は「〜に偶然出会う」といったニュアンスですが、これはちょっとおかしな言い方です。なぜなら、

白洲は、吉田外相や松本国務相の「GHQの意向を探ってくれ」という意思を受け、偶然ではなく、意図的にホイットニーと会っているはずだからです。

ホイットニーに「GHQ草案が参考程度であれば…」という日本側の希望を見透かされるのは嫌な白洲。しかし、本心では「GHQは草案を押しつける気だろう」と考えていますから、気乗りのする訪問ではありません。「偶然出会う」は、彼のプライドがこもった表現でしょうか。

・手紙を書くということ

... I **venture to write** you, **at random,** more of my impressions about the way your draft was received by **Dr. Matsumoto and others in the Cabinet.**

「興味を持たれたようなので」手紙を書いた。それも「思いきって手紙を書く」(venture to write) のです。この ventureは、辞書を引けば「冒険をする」となっています。つまり、venture to 〜は「思いきって〜する」ということ。文法の教科書では、venture + to 不定詞という句はまず出てきませんが、似た表現として有名なのはdare to 〜、「あえて〜する」でしょうか。venture to 〜を使ったこの言い方でより「思いきった」感じが出ます。

その後には、「思いつくままに (at random) 書きます」

と挟んで、手紙を気軽なトーンを加えます。

　GHQを訪問した感触を伝えつつ、吉田外相、松本国務相と打ち合わせをする中で、「じゃあ、手紙を書こう」と提案したのは白洲であるとされます。第2章でもお話ししましたが、英国人というのは手紙やメモランダムを煩わしいくらいに重んじます。その英国で学んだ白洲が、手紙を書くという提案をするのは自然な感じがしますね。
　後年のことですが、彼は宮澤喜一（当時は外務官僚、後の首相）にこう語ったとされます。

自分は必要以上にやっているんだ。占領軍の言いなりになったのではないということを国民に見せるために、あえて極端に行動しているんだ。為政者があれだけ抵抗したということが残らないと、あとで国民から疑問が出て、必ず批判を受けることになる。
　　　　宮澤喜一の証言より　『白洲次郎』（平凡社）

　これは、GHQに憲法草案まで作られることに対する、日本人としての抵抗について述べた言葉です。確かに、白洲がこの場面で「手紙を書こう」と提案してくれたことで、後世の私たちは当時の日本側の様子をある程度は知ることができるわけです。

手紙に戻りましょう。それでは、何について「思いきって」書くのかというと、「私の考えについて、さらに」（more of my impressions）であり、その内容は、GHQの草案が松本国務相と他の閣僚（Dr. Matsumoto and others in the Cabinet）に「どのように受け取られたか」（about the way your draft was received）です。

松本国務相の名前のみを出したのは、この手紙が主に松本国務相の理解に関する印象（impression）であるからでしょう。ジープウェイ・レターは松本国務相が書いたという説もあるくらいです。

II. 第2パラグラフ

I must say your draft was **more than a little shock** to them. ... **Notwithstanding the doctor's qualifications ... your draft came as a great surprise.**

・憲法草案とは驚きだ！

日本側の印象に関する表現はmore than a little shockです。「少なからぬショック」と訳せば良いと思いますが、「ほんの少し」（a little）より大きい（more than）というのは微妙な表現です。

後にも似たような表現がありますが、こちらは「非常な驚き (a great surprise)」ともっとストレートになります。松本国務相にすれば「GHQから草案が出てきて (your draft came) 非常に驚いた (as a great surprise)」ということです。

•社会主義と自由主義
　Dr. Matsumoto was **quite a socialist** in his young days and still is **a whole hearted liberal**.

　実はこの「少なからぬショック」と「非常な驚き」の間（最初の...の部分）にこの一文が入っています。「松本国務相は若年の頃、バリバリの社会主義者 (quite a socialist) であり、現在でも進歩的な考え方をする人 (a whole hearted liberal)」であるというのですが、このsocialist と liberal は、今日で言う「社会主義者」「自由主義者」とは少しニュアンスが違うと思ってください。
　登場人物のところで述べましたが、GHQ民政局には、ルーズベルトが推進したニューディール政策の信奉者が多くいました。この政策は、経済活動に政府の介入をある程度は認めるという資本社会主義的なもの。不況下の米国経済にはカンフル剤となったようで、経済の救済策として進歩的な政策と理解されていたようです。白洲は、松本国務相も同様に進歩的な考え方をする人にしたかっ

たのでしょうか。

　それでも、第1章の「登場人物」を思い出していただければ、松本国務相を「バリバリの社会主義者」とするのは難しいと思います。主義を奉ずるより、現場重視といった趣のある法律家が松本国務相。ただし、大臣のまま法律事務所を作って、企業の顧問弁護士を務めたというくらいですから、白洲の書く通り進歩的な考えを持った人ではあったのでしょう。

　白洲は、「彼のそんな経歴をもってしても(Notwithstanding the doctor's qualification)、あなた方から草案が出てきて非常に驚いた」のだとします。つまり、GHQ のスタッフと考えが近い（であろう）、進んだ考え方を持つ松本国務相にさえ、草案の内容は驚きだったと言っているのです。

・同じ思いから出たもの？

　He realizes that the object of your draft and his **"revision"** is **one and the same** in spirit.

　パラグラフの途中ですが、ここで手紙の論旨が変わっています。「いつの間に？」という感じですが、ここから手紙が本筋に入っていきます。

「松本国務相(He)は、あなた方の草案と彼の改定案(revision)は、その精神においては無二(one and the same)のものであると理解している」というのです。直前の文脈では、驚きであると言っておいて、いきなり「精神においては無二のもの」としたので、そのすぐ後は「なぜそうなのか」についての説明になっています。

He is as **anxious** as you are, ... that this country should be placed on **a constitutional and democratic basis once for all as** he has always **deplored the unconstitutionality** of the nation.

「松本国務相も、はっきりと(once for all)あなた方同様に日本が憲法と民主主義を基礎(a constitutional and democratic basis)とするべきであると熱望(anxious)している」、つまり、「この国は、民主的な憲法を基礎とした国であるべき」という点で、二つの案は「その精神においては無二のものである」という説明になります。

as(というのは)以下の「彼は、この国において憲法が機能していないことを嘆いている(deplored the unconstitutionality)」には、少し矛盾が感じられます。松本国務相はその言動から考えると、明治憲法の不備は認めつつも、「機能していない」とするほどには否定していないように思えます。ここは無理にでも松本国務相

を改憲派に仕立てておいて、その後のロジックの構成を図ったような感じがしないでもありません。

III. 第3パラグラフ

He and his colleagues feel that yours and theirs aim at the same destination but there is this great difference **in the routes chosen.**

・エアウェイとジープウェイ
第1文は、第2パラグラフの第1文を別の言い方で書き直しています。「精神においては無二である」を「目的地は同じだが、そこに向かうルートに大きな違いがある」との言い換え。in the routes chosen は、日米それぞれの国が選択するルートのことです。

Your way is so American **in the way that** it is **straight and direct.** Their way must be Japanese **in the way that** it is **round about, twisted and narrow.**

この部分は、両国の選択の仕方の違いを in the way that ～（～という意味で）という句を使って対比させる

ことで、文章がとてもリズミカルになっています。

　これは学校ではなかなか習えないというか、教えにくい表現で、白洲の文学的なセンスによるところ大でしょう。「米国のルートは直接的（straight and direct）、日本のそれは間接的で曲がりくねって狭い（round about, twisted and narrow）」という意味で、それぞれ米国的であり、日本的なのだ」とリズムのあるトーンで書いています。

Your way may be called an **Airway** and their way **Jeep way** over bumpy roads.

　米国のルートをエアウェイ（Airway）、日本のルートをデコボコ道を行くジープウェイ（Jeep way）としますが、ご存知の通り、この手紙が後にジープウェイ・レターと呼ばれるのは、この表現によります。そして、松

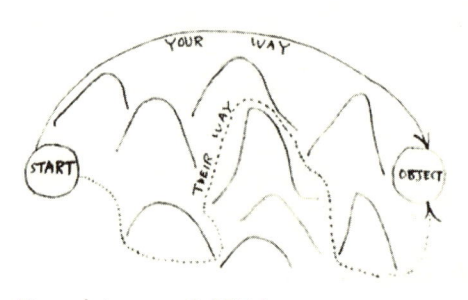

AirwayとJeep wayのイラスト

本国務相が自身の印象を描いたものとして、エアウェイとジープウェイのイラストが呈示されます。

ホイットニーもこの部分については、後にご紹介する返書で「イラストについてはよくわかった」と書いていますから、印象には残ったのでしょう。

・白洲次郎の本音

At the same time, **I** see their **viewpoint** too. **Theirs** is not **a party government**. **They** have no **means** of knowing how much they can count on the support of the people.

ここからが本音で、それにつれてか、主語がIになっている文章が増えてきます。

前のパラグラフで、「あなた方の立場は評価できる」と書いた筆の乾かないうちに、今度は「同時に『彼ら』の見方(viewpoint)もわかる」と書いてきます。白洲は日本側の一員であるにもかかわらず、日本側を彼ら(They)と呼ぶのですが、このあたりの人称代名詞の使い方については、後ほど説明することにしましょう。

引き続いて「なぜわかるのか」についての説明です。「彼らの政府は政党政府(a party government)ではなく、国民の支持を測る手段(means)がない」とします。幣

原内閣は、明治憲法に従い、元外相の幣原喜重郎を内大臣の木戸幸一が天皇に推挙する形で成立したもので、その意味でも彼らの内閣 Theirs は「政党政府 (a party government)」ではないというのが白洲の理解。これは当然、松本国務相の認識でもあるはずです。

　国民の支持を基礎とした政党政府の存在しない現状で、国の基幹を変える改憲のようなことはすべきではないということでしょう。

IV. 第4パラグラフ

　... They are afraid that **any revision presented in a "drastic" form** will only be **jeered out of the House**, thereby accomplishing nothing.

・国民の天皇への尊敬

　このパラグラフの冒頭には、吉田外相や松本国務相は新聞を毎日読んで、「極左勢力の暴動を目にしている」とあります。ちなみに、1946年だけで労働争議は622件と多発していました。しかし、「国民の大多数は共産主義を嫌い、天皇に崇敬の念を抱いている」ことも周知であるとし、上述の文章を書き出します。

だから、「過激な形で提出される変革 (any revision presented in a "drastic" form)」は「国会には受け入れられず、何の結果も生むことがない」と、ここは強く出ます。「過激な形で提出される変革」とはまさにGHQの憲法草案のこと。drastic（過激な）という言葉を強調する形で書かれています。13日か、その後の会談でdrastic という言葉が使われていたのでしょう。

 過激な形での改革は、国会 (the House) で jeered される、つまり、笑いものになるだけだと書かれていますが、主張の強い jeer out というフレーズに注目。

・過激な改革は良い結果を生まない

They feel that they must **approach it carefully and slowly**. ...

... They fear that **too complete a reform all at once** would only invite **too extreme a reaction** and they **are most anxious** to avoid it.

 この手紙を通じての白洲の主張は、「過激な改革は良い結果を生まない」、つまり「あなた方の草案は過激だ。もっとゆっくり、ジープウェイで行くべきだ」という考えを基礎にしているのですが、それをくり返し述べる部

分です。

　approach it の it、つまり改憲 (revision) については、「慎重にゆっくりと (carefully and slowly)」アプローチすべきであると「彼ら」は感じている。最後の文章は、「ゼロベースでの改憲 (too complete a reform) を一気呵成に (all at once) やってしまうとなれば、猛烈な反動 (too extreme a reaction) を招くことになりかねず、それが日本側の懸念 (are most anxious) なのです」という意味です。

　この文章ですが、「ゼロベースでの改憲」と「猛烈な反動」といった日本語にしてしまうと何ということはないのですが、原文の方は too complete a reform と too extreme a reaction とし、語順を倒置したリズムのある言い回し。第3パラグラフ序盤の in the way that をくり返した部分と同じです。うまく言えませんが、爽やかにキザな文章。白洲の人柄がしのばれる気がしますし、こういう文章が書けるセンスはうらやましいところです。

　この表現には、さすがに米国側も眼を留めていたようで、ホイットニーの返書の「この草案が受け入れられないなら、貴君の言う『過激』(drastic) が『穏やかな』(too moderate a term) と思えるようになりかねない」という脅しの部分に「お返し」として登場します。

too complete a reform に対して、too moderate a reform という表現を対比させているのです。「そのくらいならオレたちにも書けるさ」という感じでしょうか。

後にご紹介するホイットニーの返書は、部下のケーディスと共に練りに練った文章で、ここはケンブリッジ大学出身の白洲と、ハーバード大学出身のケーディスによる文章の「書き合い」になっているようですね。

Ⅴ. 人称代名詞の使い方

・I と you と they

ここで、先ほど触れた白洲の人称代名詞の使い方について考えてみましょう。この手紙は、白洲が I（自分）の立場から you（GHQ・ホイットニー）、they（日本側）、he（松本国務相）の考え方を評価するという形で書かれています。したがって、自分の所属する日本側といえども、we ではなく they です。この第4パラグラフでも、they を主語にした文章を連発して日本側の状況を説明していました。

皆さんがビジネスレターを書く場合であれば、自分の所属する組織を代表して書くわけですから、大概の場合

は主語をweにするはずです。社長など組織を代表できる立場にある方ならIでも構いませんが、通常、私的なレターというニュアンスを避けるためにも、主語は we にするのが無難。白洲のように、自分の所属する組織について they と書いたら、相手の信用を失う可能性大です。受け取った相手は「こいつ、身内を彼ら（they）と書いているけれど、自分の組織のことだとは思っていないのか」という印象を持つ可能性がある。

さすがに、ジープウェイ・レターの人称代名詞の使い方については、白洲の評伝でも指摘されており、ここにその例を紹介しておきましょう。

次郎はGHQを説得するため、日本人のことを意識的に"彼ら"（They）と呼んだ。あたかもGHQサイドからものを見ているかのような表現を多用することで親密感を引き出そうとしたのである

　　　　　　　北　康利『白洲次郎　占領を背負った男』

本来なら、この"彼ら"は"我々"でなければならない…（しかし、ここに）次郎の、いかにも次郎らしい"騎士道"が見えるのだ。己の立場から信ずる"原則"を全うしようとする次郎の"英国"が浮かび上がってくる

　　　　　　　鶴見　紘『白洲次郎の日本国憲法』

皆さんは、どう思われますか。

・交渉役のジレンマ

　白洲とはだいぶスケールが違いますが、私にも海外の企業との交渉役を務めた経験があるので、組織と組織を仲介する役目の辛さはよく理解できます。「交渉役のジレンマ」と言えば良いのか、外に向かえば自身の組織を代表し、内に向かえば相手の訴えを代弁するという二律背反した立場に置かれるので、常に精神的な辛さがつきまとうのです。

「本来、外交というものは、外交より内交の方が難しいものだ」とは、明治の名外交官である小村寿太郎の言葉ですが、「その通り」とご自身の経験に思いを重ねる方が多いのではないでしょうか。「自分はいったい、どっちの味方なんだ」という気持ちが大きくなってくると、自身のアイデンティティに悩み始めてしまう。橋渡し役、交渉役という立場は「腹背の敵」を背負わざるを得ないのです。

　こんな状態に置かれると、精神の拠り所になる自分自身の考えがないと「やっていられない！」ということになります。私の場合は「双方の実状を一番良く知っているのは私なのだ。その私がベストと思う方法で、日本と海外の両方を説得してみるしかないのだ。『どっちの味方だ？』と怒られようと構わない！」という気概を持つ

ことで救われました。外交と内交を一手にやろうとするわけですから、蛮勇の嫌いがないわけではありません。それでも、こう決心することで自身のアイデンティティを確認し、何とか「交渉役のジレンマ」を乗り越えられたような気がします。会社の方針なんて役に立ちません。頼れるのは自分自身の考えだけ。これが白洲の言う「プリンシプル」に近いものでしょう。

　サラリーマンには不適な考え方ですが、それ以来、私は仕事で窮地に追い込まれたら「組織の方針より自分のプリンシプル」と考えるようにしています。

　あくまで私見ですが、私には白洲が自分を I、日本側を they、松本国務相を he としてこのレターを認めたのは、日本政府と GHQ 側の交渉役であった彼に「日米双方の状況を一番良く知っているのは自分だ！」という自負があったからだと思えてなりません。その「一番良く知っている自分」が、誰からも独立した立場である I なのだということです。

　彼のエッセイをいくつか読んでみると、日本語の文章においても、日本人を「彼ら」と書いたものに出会うことがあります。常に個人として屹立した自身が存在しているとでもいうのか、おそらく、この「自分」が白洲の言うプリンシプルを持った自分なのかもしれません。

さて、本文に戻りましょう。いよいよ、本題に入っていきます。

Ⅵ. 第5パラグラフ

I think **they** are all **unanimous** in the feeling **that once the right to initiate revisions is invested in the House**, and not in the Emperor, **the battle is nearly won** ...

・改憲は日本の国会がやる

このパラグラフが全体の肝となっており、白洲の主張もここに込められています。「私は、日本側(they)が全員一致(unanimous)で、(that節に書かれていることを)感じていると思う」という内容です。

once は接続詞で、「〜 しさえすれば」。「改憲のイニシアチブが国会に委ねられさえすれば、ほぼ勝負あり(the battle is nearly won)」ということです。ジープウェイ・レターの主旨をひと言で表せと言われれば、この「改憲のイニシアチブを国会に委ねる」(the right to initiate revision is invested in the House)でしょう。「改憲はGHQ主導ではなく、あくまで日本の国会がイニシ

アチブを取るべきだ」と言いたい。

... and **succeeding governments** could revise it **as much as they wished according to the will of the people**.

「後は将来の政府が日本国民の意志を汲んで思い通りに(as much as they wished according to the will of the people)改憲を進めてくれる」と続きます。ここは、ポツダム宣言にある「国民の自由な意志を体現した(freely expressed will of the Japanese people)政府」を意識した書きぶりでしょうか。もちろん、そんな政府ができるための改憲は必須であり、その点ではGHQの考えも、日本側の意志も「無二」なのです。

・**憲法は押しつけ?**
プロローグでご紹介しましたが、後年、白洲は「新憲法は押しつけ」というエッセイの中で次のようなことを書いています。

あの（憲法調査会の）報告の第一章は、この憲法は占領軍によって強制されたものであると明示すべきであった。歴史上の事実を都合よくごまかしたところで何になる。後年そのごまかしが事実と信じられるようなときが

くれば、それはほんとに一大事であると同時に重大な罪悪であると考える
　　　　　　　　　白洲次郎『プリンシプルのない日本』

　憲法調査会は、このレターが書かれてから10年後の1956年に設置された委員会。1964年に大部の『憲法調査会報告書』を提出しています。白洲がこの文章を書いたのは、さらにその5年後の1969年です。
　今日でも「現在の憲法は米国に押しつけられたものだ」という意見が改憲の理由として登場しますが、実際にGHQとの交渉を担当した白洲もそう認識していたようです。その「押しつけ」「強制」に、「為政者があれだけ抵抗したのだということ」を示す証左がこのジープウェイ・レターということになるかもしれません。

Ⅶ. クロージング

I am afraid I have already accelerated **the paper shortage** by **writing this mumble but** I know you will forgive me for my **shortcoming** for which my late father is also **partly responsible**:

・**最後はユーモアで**

　前のパラグラフでは思いきったことを書いたので、クロージングは穏やかに手紙を終えます。英国流にユーモアのエッセンスを入れたということもあるでしょう。

　そのユーモアですが、「こんなことをウダウダと書いて（writing this mumble）」、「現在の紙不足（the paper shortage）に拍車をかけてしまった」というのが一つ。このレターを「ウダウダ（mumble）」だというのです。

　日本の紙不足というのは戦中から始まっていたもので、紙は国家の統制下に配給品目とされました。戦中は1940年に内閣情報局により作られた「出版文化協会」、戦後は1945年にその業務を引き継いだ「日本出版協会」という業界の自主団体により配給がコントロールされていたのです。手紙を書く紙でさえ自由に手に入らなかった時代、「そんな時に、こんなことをウダウダと書いて紙を無駄にしてしまった」というのが前半部です。

　but以下では、「ウダウダと書いた」原因は、白洲の「短所とか欠点」（shortcoming）によるものだとし、それには白洲の父親にもいくらかは責任がある（partly responsible）ので、「それはお許しいただけると思う」として手紙を終えています。

　彼の父親、白洲文平（1869〜1935年）という人は一代で財をなし、さらに倒産まで味わった豪放磊落な人物

で、おそらく白洲はその父親についてホイットニーに話したことがあったのでしょう。「あのオヤジの息子なのだから欠点はあるさ」というわけです。

「憲法は自分たちで作るのだ」という国家の威信まで込めた手紙が、プライベートな会話のような終わり方をするのは、私たち日本人には奇異な感じがしないではありませんが、事態が深刻であるほどユーモアを欠かさないというのが英国紳士。ある意味、このユーモアこそ、英国で教育を受けた白洲の面目が躍如する部分なのかもしれません。

第6章
攻防

本章では、2月15日付けの「ジープウェイ・レター」が送られた後、同月22日の閣議で幣原首相がGHQ草案受諾もやむを得ないと決断するまでの日米の攻防を取りあげます。「歴史が加熱する」という言葉がありますが、日本国憲法が決まるまでのこの1週間はまさにそんな時期だったのかもしれません。

　第一幕は、「ジープウェイ・レター」に対するホイットニーの返書です。「GHQは草案を押しつけてくるだろう」と推定する白洲次郎に対し、「いや、自主改憲の可能性もある」と考える松本国務相。それでも、白洲は松本国務相の意図をよく汲んで、「ジープウェイ・レター」を作成しました。翌16日、その返書として、ホイットニーは難文、長文を連ねたレターを送ってきます。GHQの意向は白洲の読み通り、ひと言で言えば「日本側の自主改憲提案は考慮に値しない」でした。

　第二幕は、それほどの厳しい返書を受けても屈しない松本国務相の抵抗。彼はジープウェイ・レターの内容をさらに掘り下げたメモランダムを作成しています。2月18日、そのメモランダムを手にGHQを訪れる白洲です

が、「欧米のバラを日本に移植しても香気を失う」と自論に固執する松本国務相の姿勢にホイットニーが激怒し、「今から48時間以内にGHQ草案を受諾するかしないかを回答せよ」と期限を突きつけられてしまいます。

　第三幕は、幣原首相の決断についてです。19日の閣議で、13日の会談以降の経緯が初めて閣僚に明らかにされるのですが、当然、閣議は紛糾します。その結果が、GHQ草案に対する回答期限の延期と21日の幣原・マッカーサー会談。首相はマッカーサーの「天皇の地位、戦争の放棄に関する部分さえ受け入れれば、その他は交渉が可能」との説得を受け入れ、翌22日、その報告も兼ねた閣議でGHQ草案を基礎に改憲をする姿勢を表明します。

　では、第一幕から追っていきましょう。

Ⅰ．ホイットニーの返書

　ホイットニーは弁護士、ケーディスはハーバード大学の法科卒で共に法律の専門家。しかし、二人の文章はかなり異なります。ホイットニーの文章はシンプルで達意。「短文で意志を伝える」「瞬時に判断する」といった行動が要求される軍事が文章に影響しているのかもしれません。

　一方、2月13日の会談記録を書いたと思えるケーディスの英文は、装飾性に富み、相手にちょっと嫌味な印象を与えかねません。「文は人なり」とはよく言ったもので、両者の英文からは、朴訥なホイットニーと、ちょっとキザなケーディスの性格が透けて見えるようです。

　そこからの想像ですが、この2月16日の返書は両者の合作であるように思えます。ズバリと書いてくるストレートさはホイットニー、「ミスター・シラス、俺だってハーバーディアン（ハーバード大学の出身）だ」というケレン味はケーディス。両者の味が複合した文章が並びます。

・「当事者は我われである」

　その「複合」が一番よく表れているのが、結論を導き出す第3パラグラフ。相当な難文です。

第6章　攻防

Dr. Matsumoto and his colleagues **appear completely to lose sight of the fact that ...**

ズバリ、松本国務相とその仲間たちは「(that 以下の) 事実を見落としているようだ」と書いてきます。「見落としている」と訳したのは lose sight of 。「ようだ」は appear to で、この間に「完全に (completely)」が入っていますから、「事実をまったく見落としているようだ」という意味になります。

that 以下が、見落としたのがどんな事実 (the fact) かという説明ですが、ここが難解。出だしがホイットニー的でストレートですが、蓋を開けると that に続く中身はケバケバしいケーディスの味が出てきます。

... that in the attainment of that common objective sought by constitutional reform, those who sponsor the principles as stated by the Supreme Commander in his referenced document **do so** with **his firm support, which ...**

長い英文に立ち向かう要素は「主語と動詞を見つけること」につきます。それも主文の主語と動詞。この that 以

165

下の節を構成する文章の主語は、those who sponsor the principles で「プリンシプルを指示する人たち」、つまり、自分たちのことです。「プリンシプル (the principles)」というのは「マッカーサー三原則」でしょう。

では、動詞はどこにあるのかというと、後方にある do です。do so となっていますから、「そうする」。この that 節を構成する主語と動詞の意味は「マッカーサー三原則を指示する人、つまり、我われが『それ』を行うのである」ということになります。

問題は「それ (so)」が何かということです。この文章の解釈を困難にしている元凶が「 do so 」。これは that 節の最初にある「改憲による共通の目的の達成については (in the attainment of that common objective sought by constitutional reform)」という文章から考えて、「改憲の目的の達成」が「それ (so)」であると推定できます。つまり、「改憲の目的を達成するのは我われの仕事だ」ということです。これで文章全体の骨格がわかってきます。「松本国務相には、改憲の目的を達成するのは我われ (GHQ) の仕事であるという事実がまったく見えていない」とホイットニーとケーディスは言っているのです。

「改憲の共通の目的 (that common objective sought by constitutional reform)」の「共通の (common)」とい

うのは、日米の「共通」ということですから、「ジープウェイ・レター」で白洲が説明した「目的は同じだが、やり方が違う」という指摘に対し、「目的が共通のわけはないだろう」との反論はせず、「その通りだが、実行するのはオレたちだ。忘れるな」と返してくる。相手の攻撃には目もくれず、いきなりのど元を突いてくる感じです。

... **which** in turn **elevates** the sponsorship **well above** party or **other** local **political considerations**.

とどめを刺すのが、前文に続くwhich 以下の節。which の先行詞が何かというのは問題ですが、ここでは、すぐ前の「彼（マッカーサー）の確固たる支持（his firm support）」であると考えると、「マッカーサーの支持は、我われの（三原則に対する）指示を（日本の）政党やその他の政治的考察（other political considerations）にくらべて、はるか上位（well above）に置く（elevates）ことになる」と訳せます。elevatesはエレベーターの基になっている動詞で、「持ち上げる」という意味です。つまり、「我われの考えは、マッカーサーの支持を受けることで、日本の政党や日本政府の意見などよりも上位となる」と言いたいのでしょう。

・「提案は考慮に値しない」

そして、この返書の後段に結論が出てきます。

That the Diet **would receive the instrument in the manner you suggest if it bear** the **stamp of joint approval** both by **the Government and the Supreme Commander is unthinkable.**

冒頭のThat を文法的にどう考えるかは諸説あるようですが、この That に続く節がこの文章の長い主語です。ここでは That の前に「あなた方の提案 (your proposal)」といった言葉を補って、これを関係代名詞的と考えることにします。動詞は後ろから二つ目にある is 。「国会が、あなた方の言うやり方で (in the manner you suggest)、憲法草案 (the instrument) の上程を受ける (would receive) という提案は考えられない (unthinkable)」となります。unthinkable は、反対の接頭辞の un 、動詞の think 、可能・不可能を表す接尾辞の able が合体したものですね。つまり、「ジープウェイ・レターにある提案は考慮に値しない」という強烈な言い切りです。

suggestに続く if 節の主語は it、これはbear（記載がある）が動詞であることから（正しくはbears か過去形の bore か？）、「憲法草案 (the instrument)」を指す

のでしょう。「草案に日本政府 (the Government) と最高司令官 (the Supreme Commander) 双方からお墨付き (stamp of joint approval) があれば」という意味。

文法の詮索はここで止めて、全文を意訳すると「日本政府とマッカーサー双方が承認した草案が国会に上程されるというあなた方の提案は、我われの考慮に値するものではない」といった感じになります。ホイットニーは「双方が承認」など以ての外、マッカーサーの支持がすべてであり、日本政府の意見など取るに足らないと言いたいのです。

ある意味では、この一文で今日の憲法の概要が決したと言っても過言ではありません。

・**英文解釈ゲーム**
長々と英文解釈をしてしまいましたが、それほどにこの手紙の文章は修飾性に富んで難解、というより嫌味な感じのする文章です。この文章を英文解釈の問題として出題した英語教室があるのですが、それこそ、本書の「はじめに」で書いた「実際の文章や言葉は、現実を離れてはあり得ません」という事実を無視した出題のように思えます。

戦勝国と敗戦国の力関係、それぞれの国の状況、書き

手と読み手の置かれた立場、そして、この手紙の基になった「ジープウェイ・レター」の存在、朴訥なホイットニーとちょっとキザなケーディス、そんな背景を無視して、この複雑な文章だけを抜き出して解釈をせまってみても、それは単なる「英文解釈」に過ぎません。

そんな苦労するなら、もっと面白いエピソードを知っておく方がよほどためになります。

・二つのエピソード

白洲次郎は初対面のホイットニーに「あなたは英語がうまい」と言われた時、こう答えたそうです。

If you study a little harder, you will improve your English.
「キミも少し勉強すれば、英語がもっとうまくなるさ」

想像してください。皆さんが、日本語を上手に話す外国人に「日本語がお上手ですね」と褒めたところ、相手に「あなたももうちょっと勉強すれば、もっと日本語がうまくなりますよ」と言われたらどう感じますか。

白洲にすれば英国流のシニカルなユーモアであったのかもしれませんが、ホイットニーは「何だ、この野郎」と感じたでしょう。当然、この話はマッカーサーにもケーディスにも伝わっていたと思いますから、白洲の印象

が良いわけはありません。

　このホイットニーの返書は、おそらく、ケーディスが「ハーバーディアン」の面子にかけて、先のセリフを吐いた白洲次郎にあてつけるように工夫したものでしょう。装飾性に富んだ英文はそのためです。

　さて、そのケーディスですが、写真でもおわかりになるかもしれませんが、女性にはモテたようです。中でも、日本の某伯爵夫人とのロマンスは有名。後に、ケーディスの極端な政治干渉を嫌った白洲は、GHQ内の反民政局派や日本の警察を巻き込んで、伯爵夫人とのスキャンダルを梃子に彼を追い落としてしまいます。

　更迭されたケーディスは帰米しますが、10年後にニューヨークのウォルドルフ・アストリアホテルでその伯爵夫人と再会します。そのシーンはちょっとした映画になりそうな感じです。

　さらに、このスキャンダルには付録があり、「被害者」である夫の伯爵に負い目のあるケーディスは、伯爵からの資金援助の依頼を受け、極端な援助を特定の企業に対して行ったため、そこから芋づる式に贈収賄が発覚、昭和史を揺るがした昭電疑獄事件が暴かれていくことになります。

・**威嚇**

閑話休題。ホイットニーの返書に話を戻しましょう。「提案は考慮に値しない」と結論した後にも、ダメ押しとも思える記述が２ヶ所あります。その部分をあげておきます。

... he will not **compromise it -- either in principle or basic form**. **He** will not **yield to unnecessary delay**.

冒頭のhe も 第２文の He もマッカーサーのことです。it はGHQ草案。したがって、compromise は他動詞になりますから、冒頭の文章は「草案の内容については妥協するつもりはない」という意味になります。この内容については、その後に但し書きがあり、「原則でも基本の形においても (either in principle or basic form)」となっています。この principle と basic form は草案のどの部分を指すかが、この後の日米交渉の鍵です。

さらに、「不必要な遅延 (unnecessary delay)」には「妥協することはない (yield to)」、つまり、「改憲に不要な遅延は認めないぞ」と脅しているわけです。イールド (yield) はビジネスパーソンにはなじみのある単語で、「利子」とか製造業で使われる「歩留まり」という意味にもなりますね。

第6章 攻防

　もう一つのダメ押しは、目の上のタンコブである極東委員会について、その名は出さずに触れた部分です。

... It is quite possible that a constitution might **be forced upon Japan from the outside which** would **render the term "drastic"**, as used by you in your letter to describe the document submitted by me on the 13th, **far too moderate a term** with which to describe **such new constitution** ...

　外部から（from the outside）憲法が押しつけられる（be forced upon）可能性があるという警告です。2行目の which の先行詞はその「外部」。極東委員会のことや、もっと具体的には日本の領土に野心のあるソ連を筆頭に、反日感情の強い豪州なども念頭に置いてのことでしょう。事実、天皇をいわゆる「戦犯」として裁くことを主張しているのは、こうした国々です。
　which の節はまたもや難文ですが面白いところで、意訳すると「あなた方は13日の草案を『過激（drastic）』だと言うが、外部の押しつけてくる憲法（such new constitution）は、その程度の『過激』さではないぞ（render the term "drastic" ... far too moderate a term）」となります。moderate は「穏健な」という意味。つまり、「ソ

連などが日本に押しつける憲法にくらべれば、我われの草案などは穏健そのものだ」と言っているのでしょう。前章の「ジープウェイ・レターの第四パラグラフで述べた、英語の「書き合い」がよく表れた部分です。

GHQ草案を呑ませたいホイットニーにすれば「我われに任せておかないと、大変なことになるぞ」と伝えたい。

ジープウェイ・レターは、日本人の書いた英語の歴史的な文書としては、記録に値するものかもしれません。しかし、この返書を読む限り、効果を発揮したとは言えません。もちろん、白洲にすれば、この返書は自身の読みに違わぬものですから、「私の思った通りでしょう」と自慢げに吉田外相や松本国務相に言ったとの推測は許されるような気がします。

II. 国務相のメモランダム

松本国務相という人は、悪く言えば傲岸な人であったようですが、欧米人を相手にすると、その傲岸さがメンタルなタフネスにも鈍感力にもなって、相当な抵抗ができるタイプでもあったようです。

ホイットニーとケーディスの返書は断定的で威嚇力もある内容でしたが、それにもめげず、返書から２日後の18日付けで、自身の案について再検討を依頼するメモランダムを作成しています。

その一部を紹介しておきましょう。

（原文は漢字とカタカナのみであるため、読みやすくなるように漢字の一部を修正し句読点を加えています）

● **日本に欧米のバラが育つのか**
欧米のバラを日本に移植するに、少くとも、その香気が殆ど全く失はるること多しとす。

このメモランダムを概括すれば、ジープウェイ・レターに書かれた内容を掘り下げ、さらに、松本国務相自身の改憲案の検討を要望したものですが、この一文が彼の本音かもしれません。欧米流の憲法を日本に根付かせようと思っても無理だと言っているのです。

メモランダムの主張を三つ説明しておきます。もちろん、これは英文にして提出されたものですが、ここでは日本語の原典を取り上げることにしました。

● **主張１　地域性と普遍性**
「元来一国の法制はその独自の発達に待つ所多し。他国よりある制度を輸入し、または、ある法律を採用すると

きは、必ずしも、成功を収むること限らるることなし」

　あえて解説の必要はありませんね。先ほどの欧米のバラについての表現を実際的にしたもので、GHQの草案など日本にはなじまないというわけです。この主張に対するGHQの反論が、民主主義の普遍性を説くものと予想したのか、松本国務相は後段でこんな説明も加えています。

「歴史法学派の学者は、法律はなほ言語の如く各国民、各民族間に発生し発達すると伝へり。この考えは、自然法学派の学者の云ふ所の各国民、各民族を通し人類共通の正義観念、法律理念が存することを否認するに至るものとすれば誤りなりといへども、その右の如き程度に至らざる限りは、確かに、真理を道破せるものなり」

　法律は言葉と同じように国民や民族の間に生まれ、発達するという考えが、人類に共通の正義や法律があるという意見を否定すると言っては誤りだが、ある程度は真理と言って良いのではないか。「普遍的な観念の存在は理解するが、やはり憲法は、その国の歴史を踏まえたものであるべきだ」ということでしょう。

　明治憲法にくらべると、現在の憲法には松本国務相の言う歴史などを背景にした、日本の「国柄」のようなも

のが抜けていることは否定できません。反対に、GHQの憲法作成チームは「国柄」より民主主義の普遍性を信奉する米国人。このギャップは埋められないところでしょう。

・主張２　イニシアチブは国会で
「民主主義が、真に行はるる至るや否やは、実は憲法条項の改正如何に依るものに非ずして、寧ろ、国民が真に民主主義を知り、民主主義的政治を欲望するに至るや否やに依るものなり」

　松本国務相はさらにその論を進め、本当に民主主義を根付かせるのであれば、大切なのは、憲法の条項を修正することより、国民そのものが民主主義を求める状況を醸成する必要があるとして、次の結論につないでいます。

「而も、この時期に至らば、改正案に依りて、新たに与へらるる議会側の憲法改正発議権を用ふることに依り、さらに憲法条項の変更を求むることもまた可能となるべし」

「この時期」というのは、前文にある日本国民が民主主義を求めるようになった時期ですね。その場合、改憲の発議権を明治憲法に言う天皇ではなく、国会が保持する

ように改正しておけば、後は国民の意思での改憲が可能であると松本国務相は結論します。

確かに、ジープウェイ・レターで白洲が述べた次のフレーズと平仄が合っていますね。

... once the right to initiate revisions is invested in the House, ... the battle is nearly won and succeeding governments could revise it as much as they wished according to the will of the people.

「改憲のイニシアチブが国会に委ねられさえすれば、ほぼ『勝負あり』で、後は将来の政府が国民の意志を汲んで思い通りに改憲を進めてくれる」。ジープウェイ・レターが松本国務相の意をよく受けたものであることがわかる一節です。

・主張3　私の案を検討されたい
「その形式においては、当方の提出せる改正案と全然別物なるも、その之に盛られたる根本的の主義に至りては、二案間には必ずしも、初めに一見して感じたるが如き大なる径庭あるものにあらざるやと思惟するに至りたり」

当初はまったく別であるとした自身の案とGHQ草案ですが、根本的なところでは大差がないと考えるに至っ

たとします。「径庭」とは大きなへだたりという意味。ジープウェイ・レターの「目的地は同じだがやり方が違う」という記述にも、こうした松本国務相の考えが反映されています。

「よりて、**当方提出改正案が、千思万考の末、終に前述せる如き形式を採るに至りたる理由を率直に詳述して、御参考に供したしと考ふ。もし可能ならば、この案の実質に対し改むべき点、及び、追加すべき点を指摘して批判を与へられんことを希望するものなり**」

「当方提出改正案」というのはGHQ草案ではなく、2月13日の会談ではまったく討議されなかった松本案のことです。松本国務相の頑固なところは、「根本の主義が同じなのだから」、「GHQ草案で良い」とは言わず、「私の草案を検討してくれ」としたところです。

しかし、このメモランダムはホイットニーの怒りを買うことになります。

・メモランダムが「やぶへび」に

2月18日、このメモランダムの説明にホイットニーを訪ねるのは白洲次郎。相手の意向がわかっているだけに嫌だったと思います。まさに「交渉役」の辛いところです。

案の定、メモランダムを読んだホイットニーはその場で激怒。「同じ言い分をくり返すな。今から48時間以内（2月20日まで）に、GHQ案を了承するのかしないのか回答しろ！」と要求してきます。さらに、「回答できないなら、草案を公表する！」とまで言うのです。まさにやぶへび。ホイットニーの気持ちは、彼が著した前出の『MacArthur, His Rendezvous with History』（1956年、Alfred A. Knopf 刊）にこう書かれています。

I noticed that **he did not**, however, **mention my suggestion that our statement** of principles **be put before the people** so that they **could themselves decide**.

　最初のthat節にあるheは松本国務相のことです。「彼は私の提案（my suggestion）については触れていなかった（did not mention）」というのですが、どんな提案かの説明が二番目のthat節。「プリンシプル、つまりマッカーサー三原則が国民に提示される（be put before the people）という我われの意見（our statement）」のことで、その目的が最後のso that節、「国民自身が判断できるように（could themselves decide）」です。これは2月13日の会談で述べられた提案ですね。つまり、松本国務相は国民が判断できるよう、マッカーサー三原則を公表するという。ホイットニーの提案を無視したわけ

です。
　ホイットニーは、「国務相の案を検討するより、我われの案の良否を国民に決めてもらおうじゃないか」と強く言いたかったのでしょう。

III. 幣原首相の決断

　GHQの急襲により、日本政府は一挙に窮地に追い込まれてしまいました。

・混沌
　48時間以内の回答をせまられたとの報告を受けた幣原首相は、翌2月19日（火）、初めてGHQ草案を閣議にかけることにします。
　思い出してください。2月13日の会談は元々「オフレコ」として、吉田外相がGHQに提案したものです。それが予想外の展開を招き、GHQ草案の諾否を20日中に伝えなければならない事態に直面する。13日の会談に出席した閣僚にはバツが悪い閣議であったと思います。
　閣議は紛糾します。交渉の進め方に対する内部批判、GHQ草案を受ける・受けないの議論。その場で決着がつくはずもなく、結局、幣原首相がマッカーサーと直接

会談し、真意を問うこと、20日という回答期限の延長を要望するという結論に至ります。それを伝える役目は、またもや白洲次郎。「交渉役のジレンマ」を経験しつつある彼は、もう一度「やってられない！」と思ったでしょうか。

　白洲から期限延長の要請を受けたGHQ側、今度はケーディスが激怒します。しかし、意外にもホイットニーの方がすんなりと、さらに48時間の延長を認めてくれました。ただし、「確実に回答する」という条件付きです。このあたりに「肉を切らせて骨を断つ」ホイットニーの交渉のうまさが見て取れます。元々、最初の48時間という期限に意味があったはずもないのです。
　回答期限は延長されて22日になりました。ホイットニーは、この日がジョージ・ワシントンの誕生日であることも意識していたのでしょう。

・閣議決定
　幣原首相はというと、21日にマッカーサーとの直談判に臨むことになります。ここで幣原首相を抱きこみにかかったのがマッカーサー。
　幣原首相の最大の関心事は天皇の地位でした。マッカーサーは「GHQ草案を了解して、天皇の戦争犯罪を主張する極東委員会の批判を逸らすしかない」と説明しま

す。さらに、幣原首相はfundamental principles、つまり、マッカーサーが変えられないとする憲法のプリンシプルについて尋ねるのですが、マッカーサーの答えは、天皇の地位と戦争の放棄に関する部分だということでした。首相は、それ以外は「妥協の余地がある」との印象を持ちます。

ここに至り、幣原首相個人はGHQ草案を基礎とした改憲を決断したようです。

翌22日は回答の期限日。この日の午前中に閣議が開かれ、幣原首相は初めにマッカーサーとの会談報告を行います。「GHQ草案は呑めない」とする松本国務相、「妥協が可能だ」とする憲法に詳しい芦田厚相。またもや閣議は紛糾します。

芦田厚相の論拠は、GHQ草案の戦争放棄に関する文章は、わが国がすでに批准しているパリ不戦条約、国連憲章と同一のものであるということで、本書の第2章で述べた内容と同じです。

結局、閣議は幣原首相の意向を汲み、GHQ草案を基礎に松本国務相が正式な草案を作成するという方向に決します。この日の午後、首相は拝謁して状況を報告、天皇はその内容を承認します。

幣原首相の決断はマッカーサーとの会談が基礎になっており、彼はGHQ草案にかなり変更の余地があると考えていたようです。しかしながら、ホイットニーたちとの交渉で厳しい目に遭ってきた松本国務相は「それは楽観的過ぎる」との心象を拭えません。その思いは、この日午後のGHQとの会談で炸裂します。

　責任者級の会談としては「最後の決戦」となった、この22日の会談については次章で説明することにしましょう。

第7章
逆襲と敗退

❖　　❖　　❖

　松本国務相も苛烈です。閣議のあった22日の午後に行われたGHQとの会談では、彼らの草案を受諾する閣議決定については伝えるにせよ、受諾するのはその「趣旨」のみであるとして、改憲の法的な有効性を盾に議論に持ちこみます。ただし、松本国務相が知りたかったのは「変えられない部分、つまり、principleとbasic formはどこなのだ」という点。何度もホイットニーに問いただし、感触を得ようとします。

　会談の場所は日比谷の第一生命館にあるGHQ司令部。日本側のメンバーが2月13日とまったく同じなのに対し、GHQ側は、ホイットニー、ケーディス、ハッシー、ラウエルと民政局の幹部が顔を揃え、さらにエラマンという女性スタッフが入っています。
　このエラマンが会談の議事録（minutes）を残しているのですが、これは模範的な議事録と言えます。2月13日の会談記録にくらべ、はるかに事実を冷静に、発言通りに書き留めた雰囲気のあるもので、様子が手に取るようにわかります。
　今回も、松本国務相の記録と照合しながら要点部分を読んでいくことにしましょう。

I. 草案「趣旨」の承認

　この日は、日本政府がGHQ草案を了解するか否かを回答する期限日。まず、日本側はその点に触れねばなりません。GHQ側の議事録、松本国務相の記録のどちらも最初にそれを伝えています。なお、国務相の記録、および明治憲法は読みやすくなるように改編してあります。

　We have accepted **the ideas set forth** in the draft of the new constitution, ...

　これはGHQ側の議事録。受け入れたのは、草案そのものではなく、そこに示された (set forth) 考え (the ideas) となっていることに注目してください。次に、松本国務相の記録を読んでみましょう。

　司令部案作成の趣旨は諒承せり（殊に二十一日の首相と司令官との会見の次第の報告により）。

　この日の会談にも通訳がいますから、松本国務相は「ご趣旨は了解しました」と日本語で言ったのでしょう。「趣旨」を通訳が the ideas と訳し、それがGHQの議事録に残ったものと推定できます。彼にすれば、問題はその「趣

旨」「the ideas」が具体的に草案のどの部分かです。幣原首相は、この日午前の閣議で、それは天皇の地位と戦争の放棄に関する部分であると伝えましたが、マッカーサーの幕僚と交渉を重ねてきた松本国務相にすれば合点がいかない。ホイットニーら幕僚も、これと同じ理解をしているのかを確認しなければなりません。

　よって、松本国務相は、ここから議論に持ち込もうとします。

　而して右案の根本主義（ファンダメンタルプリンシプル）は当方案と多く差ナシ、ここに承知したきは其の基本形態（ベーシック、フォームス）として採用を要求せらるる諸点なり。これを具体的に説示せられ得べきや否や。

　前半部は、ジープウェイ・レターにもあった「日米双方の目指すものは変わらない」ということでしょう。彼は、その「変わらない部分」としてGHQが主張するのは、草案のどの部分かを尋ねています。

　彼の記録によるホイットニーの答え。

　右案は法典として一体を成せるものにして、その何れの章、何れの条規が基本形態に当るかとの説示は困難なり。畢竟するに、些末の点に適宜変更を許すものと解さ

れたし。

　内容が曖昧です。この部分はGHQ側の記録にありません。当然、松本国務相は会談の後半でも同じ内容の質問をくり返すことになります。

　ここで一度、彼は陣を引き、議論を法理論に持ち込んで攻勢に出ます。

... but **we are not sure** that it presents **workable form**.

「この草案の形 (form) では、うまく働くか (workable) どうかわからない (we are not sure)」と言います。「働くかどうか」というのは、後の言動から考えて「法的に効力のある改憲ができるかどうか」ということでしょう。つまり、松本国務相は、この草案では現行憲法下での改憲が難しいということを示唆しています。

Ⅱ．なぜ明治憲法を基礎にできないのか？

　松本国務相が最初に切り出すのは、なぜ、現行の明治憲法を基礎とせず、新しい憲法を作らなければならない

のかという、素朴ですが興味深い質問です。

To begin with we have no objections to **the basic principles** of your draft. **But there are certain questions**.

冒頭の文で、「基本的なプリンシプル（the basic principles）」については異存なしであると、いわば建前をくり返し、「しかし、いくつか質問がある（But there are certain questions）」と本音を言い始めます。

Is it better to **retain** our present constitution and then revise it **in terms of** the basic principles you have set forth? Or, is it better to begin with **a completely new document?**

「現行の憲法をそのままにしておいて（retain）、あなたの提案である基本的なプリンシプルによって（in terms of）改定する方が良くはないか？ それとも、まったく新しい草稿（a completely new document）から始めるのがより良いのか？」。

さて、ホイットニーはどう答えるでしょうか？

We have **carefully considered that problem**. We

第 7 章　逆襲と敗退

tried to use **your present Constitution** as **a basis** for revision. **It was impossible**.

「我われもその問題については深く考えた (carefully considered)」。単に「その件 (issue) について」とか「あなたの提案 (your proposal) について」とはせず「その問題 (that problem)」としたところにホイットニーの心の内が見えます。GHQ は、極東委員会の件があり、作業を日本政府に任せ、明治憲法の見直しから始める時間がないという「問題」を抱えているのです。

そして、「現行憲法 (your present Constitution) を改定の基礎 (a basis) にしようとした (tried) が、不可能であった (It was impossible)」と結論してしまいます。

You must remember that this new Constitution is a document that **will be presented to the world**, and **will demand the attention of the world**.

次に、「なぜ不可能かについて」の説明。「新しい日本の憲法は、世界に向けて発信され (will be presented to the world)、その注目を浴びるものでなければならない (will demand the attention of the world)」。

幣原首相との会談におけるマッカーサーの発言を受けての回答です。マッカーサーは「天皇を守るためには、

191

この憲法を世界に公表して、ソ連や豪州などの天皇戦犯論を牽制しなければならない」と首相に伝え、草案受諾を促しているのです。

Ⅲ. 改憲の発議の問題

しかし、松本国務相はホイットニーの説明にはこだわらず、「明治憲法を基礎にしないなら、こういう矛盾が出るぞ」と法理論で攻勢をかけていきます。議論の運び方に周到な準備を感じますね。

Under the present Constitution **the initiative** belongs to the Emperor.

現行、つまり、明治憲法においては、改憲のイニシアチブ (the initiative) は天皇にある。「改憲の」と補ったのは、initiative に the が付いていることや、後段の意味から推定しています。これは、明治憲法の第73条を受けての発言です。

第73条　　将来この憲法の条項を改正するの必要あるときは、勅命をもって議案を帝国議会の議に付

すべし

Your Constitution is presented in a form that would make **this** impossible, and the Emperor would have **no initiative**.

「しかし、あなた方の草案はこれ（this）を不可能とする形で提示されている。つまり、改憲の主権が天皇にない（no initiative）ではないか」という指摘です。
「あなた方の草案」を具体的に言えば、草案の第92条を指しています。GHQ草案はもちろん英語で書かれていますが、ここは日本語訳を使って、先の第73条と対照させておきましょう。

第92条　　この憲法は国会が出席議員三分の二の指名点呼により承認せられたる時において確立すべし。国会の承認を得たる時は、皇帝はこの憲法が国民の至上法として確立さられたる旨を人民の名において直ちに宣布すべし

明治憲法の第73条においては、改憲は天皇の「勅命」により国会が審議、GHQ草案の第92条では、国会の承認の後に天皇が「宣布」となっています。松本国務相の言う通り、GHQ案では「天皇が改憲のイニシアチブを

持つこと」ができません。

The new Constitution starts out "**We the Japanese People**" and this **makes the inconsistency**.

さらに、国務相は興味深い点を指摘します。GHQ草案の前文は「我われ日本国民は（We the Japanese People）」で始まっており、これが明治憲法の「勅命をもって議案を帝国議会の議に付すべし」と相容れない（makes the inconsistency）ではないかという専門家らしい主張です。

話題が逸れますが、元々は英語で書かれていた現在の憲法。当時、これをいかにして翻訳調ではない日本語にするかに担当者は大変な苦労をしました。GHQにすれば極東委員会の手前、日本政府にすればマスコミ、野党、そして国民への説明の都合上、翻訳調では困るのです。当然のことながら、日本の憲法は日本人の手で作られたトーンの文章でなければなりません。
　特に、この「我われ国民は」という言葉は、いかにも米国的な書きぶりで、当時の日本人には明らかに異質な感じがしたはずです。

Ⅳ. 憲法前文の取り扱い

Is **the Preamble a part of** the Constitution?

　ここで、松本国務相は確認をします。「我われ日本国民は」という言葉の入っている「前文 (the Preamble) は憲法の一部 (a part of) なのか」。

ホイットニーの答えは次の通りです。

Yes, definitely. Its purpose is to set forth **the fundamental principles** that **guided** the writing of the Constitution.

「もちろんだ (Yes, definitely)」。そして、「この憲法の作成をリードした (guided) プリンシプル (the fundamental principles) を冒頭に出すことが（憲法前文の）目的である」とします。the の付いた特定のプリンシプルですから、GHQ草案の基礎となったマッカーサー三原則を指しています。

It is important, too, because many people will read the Preamble who will not read **the Articles**. We want to present the Constitution to the World in **as direct and favorable a fashion** as possible.

　さらに、もう一つ、前文が憲法の一部であるべき理由を「憲法の条文（the Articles）を読まない人でも、その多くは前文なら読むからだ」と説明します。だからこそ、前文は大切だ（It is important）」というわけです。なぜかと言うと、それは先に登場した話と同じように、GHQはこの憲法を世界に向けて「最もストレートで受け入れやすい形で（as direct and favorable a fashion）」で提示したい。

　松本国務相は、GHQ側の意図には目もくれず、専門知識で対抗します。議論は押し気味。

Then the Preamble will have to **be so presented** as to come from the Emperor.

　この Then は「それなら」という意味になります。つまり、「前文が憲法の一部であるというなら、前文は天皇からそのように（so）発議される（be presented）べきだ」。そして、松本国務相は明治憲法にある改憲の前提を再度説明します。

第 7 章　逆襲と敗退

Under the present Constitution the initial step for revision is taken by the Emperor himself.

「現行の憲法下（Under the present Constitution）」、つまり、明治憲法では「改憲の第一歩（the initial step for revision）は天皇から行うことになっている」。これは前に述べたことの再確認です。

If the Constitution is presented with the Preamble, then the Preamble **must be re-worded into the form** that would be used by the Emperor **in presenting a new Constitution to the people**.

「したがって、この憲法が前文と共に提示されるのなら、前文の言葉を改めるべきだ（must be re-worded）」。
「どのように改めるか」が that 以下。「天皇が新しい憲法を国民に提示する（in presenting a new Constitution to the people）形に（into the form）」です。
ホイットニーはこの点は譲らず、強く反論します。

That puts the problem into a **different complexion**. Our **concept** of a Constitution is that it **comes up from** the people, not **down to** the people.

「それでは問題を別の方向に(different)複雑化させて(complexion)しまう」。「別の方向に」というのは、そこまで具体的には考えていなかったということでしょう。冒頭では「明治憲法の改定も検討した」とコメントしていますが、実際、この点までは考えてはいないようです。

我われの憲法に関する考え(concept)は、「国民から持ち上がる(comes up from)ものであり、国民に下げ渡される(down to)ものではない」とします。理想としては素晴らしい。しかし、GHQはそういう体裁だけを保ちたいのです。

そして、ホイットニーは、どんな方法であれ、天皇がまず新憲法を国民に提示すれば良いではないかといった提案をします。すると、これまで沈黙していた白洲次郎が初めて口を挟んできました。

You mean that you have **no objection** to a **preceding** statement by the Emperor?

「つまり、天皇が先立って(preceding)声明を出すことに異論はない(no objection)のだな？」。諸状況を考えたうえでの推定ですが、白洲の発言には「松本さん、これ以上議論しても仕方がないですよ」というニュアンスを感じなくもありません。

後に白洲は、この議論について「原則論に解釈論で挑

んでも無理がある」と言っていますが、松本国務相の踏ん張りは評価しつつも、「正論を述べても権力には勝てまい」という思いがあったのでしょう。

ホイットニーは「憲法のプリンシプルを壊さぬ限り異論はない」とし、ここを潮と見て、議論を収束に向けていきます。

In effect, the Emperor suggests to the people that they **shall adopt** the principles embodied in the Constitution. **Then** General MacArthur **will proclaim** to the world -- this is the Constitution now accepted by the Japanese people.

「実際には (In effect)、天皇が国民に憲法のプリンシプルを受け入れるよう (shall adopt) に提案する」。この shall も話し手の意志を表す shall 。この場合は、提案を行う天皇の意志です。その後 (Then) マッカーサーが世界に対して、この憲法が「今、日本国民に受け入れられた」と宣言する (will proclaim)。

まるで演劇の筋書きを提案しているようです。

I must **study out** all this procedure.

白洲の思いを察してか、松本国務相はこう言って矛を

収めます。study out の out は「〜し切る」というニュアンスです。「どうすれば良いか考えて結論を出さねばならぬだろう」ということ。この部分、松本国務相の記録では次のようになっています。

　右の案の実現につき、直ちに研究に着手すべきことを約す。又、来る、26日は閣議定日なるをもって、今日の結果につき報告する考えなり

V. もう一度、原則について

　松本国務相は、ここで大切な質問をくり返します。冒頭でも述べましたが、GHQの言う「基本となる原則 (fundamental principles)」と「基礎となる形式 (basic form)」とは具体的に何を指すのかを知りたい。

But first, how many of the articles in the new Constitution do you consider **basic** and **unalterable**? I want to advise the Cabinet **what** and **how many** of the Articles are absolutely necessary.

　冒頭の But first は「それにしても、第一には」。「実は、

ここが大事なところなのだが」ということでしょう。国務相が聞きたかったのは「基本的(basic)で変更はできない(unalterable)と考える条項はどれで(what)、いくつあるのだ(how many)？」ということです。彼は、今日の会談の結果として、それを前述した26日の閣議で伝えなければなりません。

ホイットニーの答えは、シンプルで威圧的でもあります。

We feel that **the whole Constitution as written** is basic.

「書かれたまま(as written)の憲法全文(the whole Constitution)が基本であると考えている」。つまり、「このまま何も変えるな」とも取れる発言で、マッカーサーが幣原首相に伝えた趣旨とは明らかに異なります。剛腹な松本国務相も苦しい立場であったろうと思います。

この会談は1時間40分続きました。もちろん、ここに書かれた以外のことも議論されているのですが、総じて、松本国務相が、ホイットニー、ケーディス、ラウエルを相手にほとんど一人で議論を展開し、優勢に論戦を進めている印象を受けます。しかし、それも白洲次郎の

言う原則論と解釈論の闘いかもしれず、結局は権力のあるGHQ側の原則論に押さえ込まれてしまう感じです。やはり、勝者と敗者の交渉なのか。

松本国務相はこう記録しています。

先方のほとんど譲歩の意を示さざるに失望して辞去せり。同日一応首相に報告、それ以来引き続き、先方の意に反せざるよう、極端に注意しつつ先方案の翻訳起草に着手を始めたり

肩を落とした松本国務相の姿が浮かぶような文章。ここで驚かされるのは、2月13日の「先方案の翻訳起草に着手を始めた」との記述。確認のために書きますが、この日は2月22日です。ということは、19日と22日午前中の閣議にGHQ草案の全文訳はなく、閣僚たちは草案の全容を知らずに幣原首相や松本国務相の報告のみを基礎として改憲論議をしていたことになります。日本側のせっぱつまった様子が想像できますね。

VI. 敗退

22日の会談の結果を受け、25日と26日に再び閣議が

招集されますが、次の松本国務相の記録から、26日になってようやくGHQ草案の翻訳が閣僚に配布されたことがわかります。

　2月26日の午後の閣議において、先方案の翻訳を閣僚に配布し議を乞えるも決着することなく、…

「決着することなく」とありますが、それでもこの場でGHQの2月13日草案を基礎に松本国務相を責任者として、正式な日本案を作成する合意が形成されています。次は上の文章の後半。

　…余において、助手として佐藤法制局第一部長を委嘱し、速やかに翻案全部を作り翻訳のうえ、3月11日を期限として先方に交付することの了解を得たり。

　文中にある「翻案」というのは、「改作」とか「焼き直し」という意味。つまり、「翻案全部を作り」というのは、「GHQ案の焼き直しを全部作る」ということ。松本国務相の悔しさが表れた言葉です。さらにその上で、これを英語に「翻訳」し戻したうえ、マッカーサーに提出することを閣議が了承しました。

　ここで大勢は決したと言って良いでしょう。わが国が、

GHQの作った憲法草案を基礎に新しい憲法を定めると決めたということです。この日は偶然にも、GHQが常に憂慮する極東委員会の第一回会合が開かれた日でもありました。

第8章
日本国憲法の成立

❖　　❖　　❖

　そろそろ、この物語を終わらせなければなりません。前章で「大勢は決した」と書きましたが、その後も、草案の細部や日本語としての書きぶりをめぐって、11月3日の憲法公布日まで日米間でも日本国内でも論争は続きました。世上、「日本国憲法はGHQが1週間で書きあげたものだ」と言われることがありますが、事情はそれほど単純ではありません。

　憲法の押しつけを嫌い、必死で防戦するもののGHQには抗えない日本政府、独自の統治政策で連合国のみならず、本国の意向さえ無視して突っ走るGHQ。結局、意図の違いこそあれ、天皇を守るという部分で利害が一致する日本政府とGHQが、俯瞰すれば「共謀」する形で新憲法を作りあげてしまった形になっています。
　もちろん、当時の日本政府には、そんな「共謀」に積極的に参加する意志などありません。しかし、13日と22日の会談では、会談内容の機密性をGHQに念押ししており、新憲法が翻訳であるとわからぬよう懸命に草案を推敲しています。その意味では、「共謀」の消極的な協力者にされてしまったと言えるのかもしれません。

ここで一度、今までの出来事を整理しておきましょう。

2月13日	GHQとの外相官邸会談 （2月13日案の提示）
2月15日	ジープウェイ・レター
2月16日	ホイットニーの返書
2月18日	松本国務相のメモランダム GHQ「2月13日案」につき回答期限を提示
2月19日	閣議　これまでの経緯が報告される （トップ会談と期限の延期要望を決定）
2月21日	幣原・マッカーサー会談
2月22日	閣議　トップ会談の報告 （「2月13日案」を基礎に日本案を作ることを決定） 天皇の裁可 GHQとの会談　松本国務相の抵抗
2月25/26日	閣議　22日の会談の結果が報告される （「2月13日案」の「翻案」作成を決定）

くり返しになりますが、憲法が発効して20年近くを経た1964年、憲法調査会が報告書を公表しますが、これを読んだ白洲次郎が次のような言葉を残しています。

この憲法は占領軍によって強制されたものであると明示すべきであった。歴史上の事実を都合よくごまかしたところで何になる。後年そのごまかしが事実と信じられるような時がくれば、それはほんとに一大事であると同時に重大な罪悪であると考える。

　　　　　　　　　白洲次郎『プリンシプルのない日本』

　報告書に「強制である」と書けなかったのは、当時の為政者のプライドなのか、日米の「共謀」を認めることなのか。否、事実というのは、単純に白黒では決着できないものでしょう。

　本章では、日米双方の行動の帰結とも言うべき二つの出来事について述べ、物語を終えようと思っています。

第8章　日本国憲法の成立

I. 憲法要綱の公表まで　－日本－

　今度は、2月26日の閣議の後、3月6日に新憲法の「要綱」が公表されるまでの出来事を、一覧にしました。本項では、ここにあげた出来事を資料と共に追うことにします。

2月 27日　　閣議決定に基づき草案作成を開始
3月　2日　　「3月2日案」ができる
3月4/5日　　同案をめぐりGHQとの「30時間ミーティング」
　　　　　　「3月5日案」ができる
3月　6日　　「憲法改正草案要綱」を公表
　　　　　　（内容は5日案を微調整した「3月6日案」）

・3月2日の草案
　松本国務相は、26日の閣議における合意に基づき、佐藤法制局第一部長と共に草案作成に取りかかります。国務相は文藻豊かな人なのか、欧米流の草案を提示したGHQに「欧米のバラを日本に移植しても香気を失う」と反論していますが、この草案作成についても面白い表現を残しています。本章でも、日本語の原典は読みやすくなるように修正してあります。

今ここに右翻案の大方針を一言すれば、先方案はあたかもイガのままの栗の如く、到底これを呑み込むことあたわず…いたずらに衝突を生じ議論をなすは益なかるべきがゆえに、一応、大なるイガを取り、一部皮を剝ぐ程度にて、未だ当方の閣議に諮らざる試案として提出し、さらに何回かの改案の余地を後日に残すを可とすべしとの卑見に立脚せるものなり

「右翻案」というのは、日本側の「焼き直し草案」のこと。松本国務相の思い通りに作っても再度の衝突はまぬがれないから、試案としてある程度妥協した案を出し、さらに議論を重ねてみようというのです。GHQ草案を、栗のイガや皮で表すセンスは秀逸ですね。
　こうして、GHQが出してきた2月13日案を「大なるイガを取り、一部皮を剝ぐ」形で日本語にしたものが3月2日案です。

・3月4日と5日の「30時間ミーティング」
　動き始めた極東委員会の動向が気になるGHQは、日本案の早期提出を督促し続け、しまいには、英訳なしで良いからと、予定日の3月11日ではなく、4日の午前10時までの提出を要求します。ちなみにこの日は月曜日、「週末も働け」ということですね。

4日の午前10時、予定通りに松本国務相、白洲次郎、佐藤法制局第一部長、他2名が、日本語の草案と説明書を携えてGHQを訪問します。

日本側は2月13日案の日本語訳に近いものを提出してくるであろうと考えていたGHQは、この草案を読んで驚きます。ケーディスは1973年のインタビューで、この時の感想を次のように語っています。

... I expected **a translation of our draft** – that would **translate back into** our draft, which **theirs isn't**. I didn't think that at that time they **would** just **be adhering to basic principles**.

最初の文は、「期待していたのは、我われの案の日本語訳 (a translation of our draft) であって、それを英語に逆翻訳 (translate back into) すれば、我われの案に戻るはずであったが、出てきた案はそうはならなかった (theirs isn't)」となります。実際、ねばり強い松本国務相は、GHQ草案にある前文をそっくり落とすなど、かなりの変更を加えていました。

二つ目の文は、「この時点で、日本側はマッカーサー三原則 (basic principles) を遵守しているように (would be adhering to) は思えなかった」です。

怒り狂った（？）ケーディスは、このまま日本側メンバーをカンヅメにして、まず日本案を英訳、さらにその修正に取りかかります。こんな状況では冷静で建設的な議論は不可能と思ったか、松本国務相はこの日の午後2時半頃に退出、交渉は白洲次郎と佐藤第一部長に委ねられました。

「ケーディス」大佐は相当昂奮せる状態にあるをもって、議論激化の結果、他日の交讓妥協の余地を減殺するおそれあることを慮り、後事を佐藤氏に委ね用務に藉口して帰り…

　感情を昂揚させたケーディスの様子が目に見えるような記録です。「藉口して」とは「いいわけする」ということ。「このままでは、今後の交渉に差し支える」と考え、用務をいいわけに松本国務相は交渉の場を離れますが、結局、この交渉は翌5日の午後4時頃まで約30時間続き、現在の憲法の内容はここでほぼ決まってしまいます。白洲と佐藤第一部長は、家族とのコンタクトも許されぬままその場に残って「防戦」に努めましたが、改憲の責任者である松本国務相は、草案作成交渉における最後の場には参画しなかったわけです。
　その後、猶予されていた公職追放が、この年の5月に

適用となり、松本国務相は第一線を退くことになります。

こうして、三つ目の草案、3月5日案が完成しました。

・**改憲の条件**
本書の趣旨は日本国憲法制定をめぐる交渉の解釈であり、憲法の内容については立ち入ることを控えてきましたが、本項では、その禁忌を解いて、「30時間ミーティング」における憲法の改定条件に関わる交渉に少し触れておこうと思います。

まず、第7章でご紹介した明治憲法第73条にもう一度登場願います。今度は第73条の(2)の部分です。

第73条　(2)　**此の場合に於て、両議院は各々其の議員三分の二以上出席するに非ざれば、議事を開くことを得ず、出席議員の三分の二以上の多数を得るに非ざれば、改正の議決を為すことを得ず**

憲法改正には、両院とも3分の2以上の議員が出席し、その3分の2以上の賛同が必要ということです。さらに、この第73条の前半は、改憲の発議には勅命が必要と規定していましたね。

これに対し、GHQの2月13日案は、第89条で改正の条件を次のように規定します。比較がしやすいように日本語訳でご紹介しておきましょう。

第89条　此の憲法の改正は、議員全員の三分の二の賛成を以て国会之を発議し、人民に提出して承認を求むべし。人民の承認は国会の指定する選挙に於て、賛成投票の多数決を以之を為すべし…

　改憲の発議には議員全員の3分の2の賛同が必要であり、その発議をさらに国民投票にかけ、過半数の賛同があって初めて改憲が成立するということで、これはそのまま今日、私たちに課せられている改憲の条件になっています。
　ここで、第7章でご紹介したGHQ草案に基づく新憲法の「承認」条件を思い出してください。同じGHQ草案の第92条です。

第92条　この憲法は国会が出席議員三分の二の指名点呼により承認せられたる時において確立すべし。国会の承認を得たる時は、皇帝はこの憲法が国民の至上法として確立さられたる旨を人民の名において直ちに宣布すべし

ややこしいので整理しましょう。この第92条はGHQ草案の「承認」要件、先ほどの第89条は、GHQ草案の「改正」要件と理解してください。つまり、自身の草案は出席議員の3分の2が賛同すれば承認されますが、それを改定したければ、議員全員の3分の2の賛同と、明治憲法にはなかった国民投票での過半数が必要という厳しい条件を課しているわけです。

占領が終了した後も、自分たちが作成した草案による憲法を簡単に変えて欲しくないというGHQの意図が明白です。実際、GHQスタッフによる草案作成時には、日本における民主主義の成熟度が低いとして、1955年までは改憲を不可能にするような案も提案されていました。

しかし、「30時間ミーティング」では、改正要件に関する議論は行われていないようです。GHQ草案がすんなり通ってしまいました。

ところが、松本国務相が2月8日にGHQに提出した草案（2月13日の会談で、ホイットニーに無視されてしまったもの）を読んでみると（第31条）、改憲の発議については、勅命がなくとも、両院それぞれ議員全員の2分の1が賛同すれば良いとする規定を設けることが書かれている。つまり、改憲の発議をしやすいようにしてい

るのです。

　そんな松本国務相ですが、22日の会談においても、3月2日案の中でも、GHQ草案の第92条を不要としたのみで、改憲のハードルを高くする第89条について議論した記録が見つかりませんでした。

　この第92条が、今日話題の現憲法第96条であることはおわかりかと思います。松本国務相は今日の状況をどう思っているのか、とても気になるところです。

・憲法改正草案要綱の発表

　さて、「30時間ミーティング」も終盤にさしかかった5日の午後、白洲次郎はGHQのオフィスを出て、完成に近い草案を手に状況を閣議に報告、さらに、重大なニュースを伝えます。マッカーサーがこの日に草案を公表したいので、「今日のうちに(before the day was out)草案を公表するから、今日中に承認が欲しい」と考えているというのです。時間的にはおかしな話ですが、時差を意識してのことでしょう。マッカーサーは日本よりむしろ世界に向けて公表したかったのです。

　日本語の草案全文が最終版となって届くのは午後7時過ぎ。これを読んだ閣僚たちは、英語の翻訳であるとすぐにわかるような内容や文体の公表を躊躇し、夜を徹して対応策を論議します。前文の「我われ日本国民は(We the Japanese people)」という書き出しが奇異であるとの意見があったことは言うまでもありません。

しかし、マッカーサーの要求には抗うべくもなく、ほぼこのままの形で「日本政府案」として公表するという苦渋の決断をし、天皇の布告文と共に勅許を得ることになります。

公表されたのは6日の午後5時。日本側の最後の「防戦」は、この草案を「憲法改正草案要綱」として公表し、後日に改定の機会を残したことでしょう。英語の表記は「 Draft Constitution of Japan accepted by the Cabinet on March 6 1946 」で、要綱 (summary) という言葉はありません。

これが3月6日案とされるものです。

同日、マッカーサーは「天皇と日本政府が国民に新憲法を提示する決定をしたことに満足している」との声明を発表。まさにGHQの筋書き通りです。

さらに、この3月6日案を、民政局のハッシー中佐が米国に飛んで極東委員会などに提出したことになっていますが、これも計画のうちでしょう。出発前、彼は草案に付帯する内閣の宣言文 (statement) に楢橋渡内閣書記官長のサインを要求していますが、ハッシー中佐によれば、この宣言文には、3月6日案が日本語で書かれた草案の公式な英訳であることが記されていたとされてい

ます。
　この宣言文について調べてみましたが、原文を見つけることができず、真偽を確かめようがありませんでした。しかし、楢橋書記官長はホイットニー、ケーディスらと意思疎通ができた人物であり、フランス語に堪能です。宣言文が英語で書かれていたとしても、意味がまったく理解できないということはないでしょう。当然、内容を知らずにサインだけしたとも考えにくい。ハッシーの言葉が事実であるならば、このサインは日米の「共謀」をある程度裏付ける証左となってしまうかもしれません。

Ⅱ．独走の後始末　－米国－

　話題を米国側に移しましょう。

・極東委員会の怒り
　3月6日の憲法改正草案綱領、マッカーサーの声明を知った極東委員会ですが、当然、心穏やかではありません。3月20日付けの手紙でバーンズ国務長官に抗議します。以下はその一節。

　... the Commission desires that the Supreme

Commander for the Allies **make clear** to the Japanese Government that the Far Eastern Commission must be given an opportunity to **pass upon** the final draft of the Constitution to determine **whether** it **is consistent with** the Potsdam Declaration ...

　pass upon の意味がわかれば、それほど難しい文章ではありませんね。pass upon は「判断を下す」、「(裁判官が)判決を下す」といった意味で使われる熟語です。つまり、この文章の主意は、「新憲法がポツダム宣言の精神に合致する(is consistent with)か否か(whether)の判断を下すのは極東委員会であり、これを最高司令官は日本政府に対し明らかに(make clear)すべきである」ということです。

・4月10日の総選挙

　当然のことながら、極東委員会の不満は国務省や陸軍省を巻き込んだ問題にまで発展します。マッカーサーは極東委員会の要望は無視しつつも、本国へは、新憲法の諾否は4月10日に予定される総選挙で日本国民が決めるものだと説明します。

　ちなみに、この総選挙は明治憲法下で最後の総選挙。もちろん、衆議院のみで、貴族院議員の選挙はありません。

マッカーサーが陸軍省のアイゼンハワー参謀総長（後の大統領）に宛てた電信の一節にもこんな記述がありました。

The proposed new constitution **is still subject to** acceptance or rejection by the Japanese people in the coming election.

be subject to ～は受験英語でもポピュラーな熟語、「～の影響を受ける」「～次第である」です。間に挟まれた still は、未だに最終決定には至っていないことを表しています。つまり、マッカーサーは、「新憲法は、来る総選挙により国民の諾否が決まるものである」としているわけです。

この説明には少し無理があります。日本の歴史のどんな本にも、教科書にも、この選挙のテーマが新憲法についての国民投票であったとは書かれていないはずです。実際、国民の関心は、新憲法より食料の不足であり、本書に度々登場する1964年に出された憲法調査会報告書のうち、「憲法制定の経過に関する小委員会報告書」が発表した調査（8選挙区535人の候補者が対象で全候補者ではない）によれば、82.6％の立候補者が、選挙キャ

ンペーン中に憲法については触れていなかったとしています。

マッカーサーも総選挙の内容についてはある程度想像ができていたはずで、「新憲法は、来る総選挙により国民の諾否が決まるものである」というのはおそらく方便。本心は「そんな遠くにいて、こっちの事情などわかるものか」ということでしょう。彼は現場を重んじる軍人であり、現場の指揮官のまま元帥になった人です。作戦に関する中央の干渉を著しく嫌う人物であることも、さまざまな資料から推定できます。

・極東委員会の三原則

極東委員会も、4月10日の総選挙が新憲法に関する国民投票であるとは思っていません。委員会の意見を無視して独自の対日政策を進めつつあるマッカーサーに対し、総選挙後にはなりましたが、新選議員による議会開催を前にした5月13日、新憲法の採択に関する三原則を決議します。

The criteria for the **adoption** of **a new Constitution** should be such as to ensure that **the Constitution**, when finally adopted, is, in fact, **a free expression of the will of the Japanese people.** To this **end**, the following principles should be observed :

これは決議の前文です。adoption というのは、法律などの採択を意味します。この場合は、極東委員会による採択ではなく、前後の事象から考えて、日本の議会による採択という意味。new Constitution の定冠詞が a で、次の Constitution が the となっているのは、前者が一般的な新しい憲法を指しているのに対し、後者は今回の新憲法を意味しているためです。

　日本語にすれば「新しい憲法の採択基準は、議会で採択された憲法が日本国民の自由な意志を体現しているかどうかであり、そのために以下の原則に基づいた審査が行われるべきである」となります。

　To this end の end は目的という意味。a free expression of the will of the Japanese people は、もちろんポツダム宣言の内容を反映したものです。

1. **Adequate** time and opportunity should be allowed for full discussion and consideration of the terms of the new Constitution.

　極東委員会は、3月6日に公表、4月10日に総選挙というスケジュールでは、国民が新憲法について充分に考える時間がないとして、総選挙の延期を要望していました。その総選挙がすでに終わってしまった以上、新議会

では、時間、内容とも充分に(Adequate)審議されるべきであるとの意見表明です。

2. **Complete** legal continuity from the Constitution of 1889 to the new Constitution should be assured.

これは、この時点で有効であるはずの明治憲法に基づき、完璧に(Complete)適法な改憲がなされるべきであるという意味。冒頭にCompleteまで付けて法的な齟齬に注目している点から考えて、極東委員会にも法律の専門家がいたのでしょう。

2月22日の会談で松本国務相もこの点を突いていますが、改憲の発議からその承認に至る過程に関するあたり、GHQのやり方はとても強引ですね。

3. The new Constitution should be adopted **in such a manner as to** demonstrate that it affirmatively expresses **the free will of the Japanese people**.

前文のくり返しですが、「本当にこの憲法は日本政府が作ったのか?」という疑問を呈した内容です。in such a manner as to ～は、such as ～「～のような」を複雑にした形。「～のような形、方法(manner)で」という意味です。

・**マッカーサー声明**

　米本国、特に国務省は、極東委員会、つまりは他の連合国との無用な軋轢を避けるため、両者の関係緩和にあらゆる手を尽くします。マッカーサーはその意を多少とも汲み、新議会開催の翌日の6月21日に声明を発表、5月13日の極東委員会の決議をほぼそのまま日本国民、特に新選の議員に伝わるような配慮をしました。

　この声明文ですが、もちろん、極東委員会云々の記述は一切ありません。しかし、極東委員会が決議した三原則についてはほぼ同じ書きぶりで公表しています。面白いのは、個々の原則について、「そんなことはやっているぞ」と言っているが如き説明文があり、この声明が日本の国会議員の他、極東委員会に対する主張の役目も果たしていることです。

　簡単に説明をしていきましょう。

　まずは、最初の原則、「内容、時間とも充分な審議が行われること」についてですが、声明には次のような記述があります。

For over eight months, the revision of the constitution has been the **paramount** political consideration under discussion by all parties and all classes of Japanese people.

「この8ヶ月を超える期間 (For over eight months)、改憲は全政党、さらには、どのクラスの日本人の議論においても、最も重要な論題であった」とでも訳せば良いでしょうか。paramount は同名の映画会社がありますね。「至高の」という意味です。

Rarely has a fundamental charter, regulative of national life, has more thoroughly discussed and analysed.

「国民生活の基幹をなす法典が、これほど論議され検討されたことは過去にはなかった」。これは言い過ぎと思える記述。こうした内容や文章のクセから考えると、この声明の起草者は派手な文章の好きなケーディスである感じがします。

　二つ目の明治憲法に基づく適法な改正の部分は、原則そのものについては同じ言いぶりですが、かなり長い説明を付帯させています。
　マッカーサーの声明は、改憲条件に関する明治憲法第73条を全文引用したうえで、次のように説明します。

It was in view of this constitutional requirement **that**

the Government **took measures to the end that ...**

　It was in view of 〜 は、「それは〜という視点に立ったもの」という意味。「それ(It)」を指すのが、最初のthat以下です。took measures to the endは、さまざまな手段を講じ、それらが二つ目のthat節が説明する結果(the end)になったということでしょうか。これもケーディスらしい難文。意訳すれば、「憲法第73条の求めるところに従い、日本政府はさまざまな手段を講じ、その結果that節のことが行われた」と解釈できます。

　ここで第73条を復習しておきましょう。

第73条　将来この憲法の条項を改正するの必要あるときは、勅命をもって議案を帝国議会の議に付すべし
(2)　此の場合に於て、両議院は各々其の議員三分の二以上出席するに非ざれば、議事を開くことを得ず、出席議員の三分の二以上の多数を得るに非されば、改正の議決を為すことを得ず

　条文を理解したうえで、二番目のthat節を読んでください。

第8章　日本国憲法の成立

　... that the last election ... was held with the Government Draft Constitution **squarely** before the people **and under** the paramount consideration that **those elected** would be charged with the duty of **acting thereon**.

　主文は the last election ... was held 、つまり「4月10日の総選挙が行われた」です。総選挙が「どう行われたか」について説明する説がさらに二つ。一つは、held に続く with の節。「政府の憲法草案を国民へ明確に（squarely）さらす形で」であり、もう一つは、and に続く under の節。選ばれた議員（those elected）が憲法の規定に従って活動する（acting thereon）義務を課されるという至高な意志の下に」です。
「憲法草案を国民に示し、明治憲法の定めに従って、選ばれた議員が改憲という義務を果たす意図で総選挙が行われている」、つまり、先の総選挙は新憲法の是非を国民に問うたものであり、改正の適法性に問題はないということでしょう。

　最後に、国民の自由な意志が表されているべきだとする原則ですが、これも、ケーディスらしい派手な文章で説明されます。

Few elections in modern times could be regarded as more truly democratic, reliable and expressive of **the free will of the people.**

「この総選挙ほど民主的で信頼に足る、さらに、国民の自由な意志を体現した選挙は近代においてほとんどないのではないか」です。

このように、マッカーサーの声明には、極東委員会に対し「我々はこれだけやっているのだ」という主張が前面に出た部分がかなりあります。GHQにとって極東委員会は最後まで目の上のタンコブであったということでしょう。

・日本国憲法の成立

マッカーサーは、この後もいくつかの点で極東委員会の意見に対して妥協し、総選挙後に組閣された吉田内閣はそれに応じた改正を行っています。ちなみに、この間も日本の議会では懸命な審議が続き、草案が議決された日は衆議院が8月24日、貴族院が10月6日です。

経過を整理しておきましょう。

3月 6日　憲法改正草案要綱の公表
3月20日　極東委員会より米国国務相に抗議の手紙

4月10日	総選挙（衆議院）
5月13日	極東委員会、新憲法の採択に関する三原則を発表
6月20日	総選挙後　初の議会開催
6月21日	マッカーサー声明
8月24日	憲法草案　衆議院を通過
10月6日	憲法草案　貴族院を通過

　そして、日本国憲法は11月3日に公布され、翌1947年5月3日より施行されました。

　時間を少し戻しましょう。納得のいかない極東委員会は憲法公布直前の10月17日、日本国民に再検討の機会を与えるべきである旨を決議し、1、2年後にまた国会でこの憲法について検討すべきであるとの要望を出しています。しかし、実際には、そうした審議は行われませんでした。GHQにも、そして、日本政府にもその意志がなかったということです。

　曖昧な形ではありますが、GHQ、さらには国務省や陸軍省を巻き込んだ対立は、この10月17日をもって終止符が打たれたということでしょう。

　しかしながら、委員会が渋々ながら新しい憲法に反対しなかった理由は、マッカーサーの妥協でも、前述した

日本政府の緩慢は動きでもなく、日本国民がこの憲法を歓迎したということにあるようです。

前述の「憲法制定の経過に関する小委員会報告書」が、3月7日に発表された憲法改正草案要綱に関する新聞の論調をまとめた部分に、次のような報告があります。

草案要綱に対しては賛成が圧倒的であること。反対の論議はまったく見られないといってよい。ただこの憲法の理想を達成するためには国民の努力が必要であることを指摘している点も圧倒的である。

「草案要綱」ではなく「草案」が公表されたのは、1946年4月17日ですが、同報告書はそれに対する国民の意見についても、「**政府草案は一般的に見て大多数の支持を得ていた**」と表現しています。

ちなみに、この報告書を作成した憲法調査会は改憲の気運を盛り上げるために作られた組織であるとされます。こうした記述は、そうした意図を持つ調査会の報告会の報告であるだけに、特に注目に値します。

こうした世論を受け、極東委員会も新憲法が「the free will of the Japanese people」を体現していると考え始めたとするのが自然であるように思います。

エピローグ

　1946年3月、米国はノースウェスタン大学の政治学者であり、日本学の泰斗でもあったケネス・コールグローブがGHQの憲法問題担当政治顧問として来日、以後3ヶ月にわたり改憲に関する状況を調査しました。

　帰国後の7月29日、その結果をトルーマン大統領に手紙で知らせています。その一部を抜粋し解釈しておきましょう。プロローグでも触れた一節です。

　Emperor Hirohito is obviously not **a forceful character**. Nevertheless, I was impressed by his sincerity and sound common sense. I have found ... that **the Supreme Commander** ... entertains the same view towards

来日中のケネス・コールグローブ

Emperor Hirohito.

「昭和天皇は力を感じさせるタイプの方 (a forceful character) ではありません。それでも、彼の誠実さやしっかりとした常識のセンスには印象深いものがあります。私が知り得たのは、マッカーサー (the Supreme Commander) も、まったく違和感なくそうした見方をしているということです」。

My observations **on the spot** lead me to believe that General MacArthur's policy toward the drafting of the new Japanese Constitution has been **both timely and wise.**

昭和天皇に対する評価の後に来る文章ですから、「その意味で」と補って訳しておきます。「その意味で、私の日本滞在 (on the spot) が導き出した意見は、マッカーサーの憲法草案作成に関する方針が、タイムリーであり、また賢明であった (both timely and wise) ということです」。

エピローグ

Any change in this policy by a contrary directive from the Far Eastern Commission, **sitting ten thousand miles from Japan, would confuse and bewilder** the Japanese people and might lead to disaster.

「極東委員会が、東京のはるか彼方から(sitting ten thousand miles from Japan)出す相容れぬ指示により、マッカーサーの方針を変更することは、日本国民を混乱に陥れる (would confuse and bewilder) ばかりか、ひいては収拾のつかない事態さえ引き起こしかねません」。

　自分はon the spot、つまり現場にいる。ところが極東委員会は、sitting ten thousand miles from Tokyo、つまり東京のはるか彼方にいる。この両者を対照させた表現が面白い。
　この部分はこれ以上解説をせず、評価は読者の皆さんのご判断にお任せします。もちろん、これは米国を基点にした見方であり、私たち日本人には別の見方があって当然です。

233

これもプロローグで触れましたが、憲法をめぐる交渉の当事者であった白洲次郎の言う通り、「この憲法は占領軍によって強制された」とする説は事実を鋭く穿っています。しかしながら、どんなルールも単純な悪人と善人との対決で決まるはずもなく、ルールメーカー当事者はそれぞれの事情を抱えています。それが、善か悪かを判断する権限は私たちにはないと思います。

　マッカーサー、ホイットニー、ケーディス、そして、幣原喜重郎、吉田茂、松本烝治にもそれぞれの事情や考えがあり、その考えや行動を善悪で割り切らずに、事実を事実として受け入れるのが、後世に棲む我われに課されたフェアな態度と言うべきかもしれません。テレビドラマの「水戸黄門」を愉しむように、すべてを善悪で割り切ろうとすれば、とんでもない誤解を招きかねません。

　白洲次郎のフェアなところは、前掲の発言に続いてこうも述べています。

　新憲法のプリンシプルは立派なものである。…　押し

エピローグ

つけられようが、そうでなかろうが、いいものはいいと率直に受け入れるべきではないだろうか
（『プリンシプルのない日本』）

　この一文と同じ意味で、このコールグローブ博士の手紙には示唆に富む表現があります。彼はマッカーサーの方針を良いとも悪いとも言わず、善とも悪とも言わず、ただ、both timely and wise と評しました。事実を事実として、白洲次郎と同じように「いいものはいいと」受け入れたということでしょう。

　あえて、この timely and wise を意訳すれば「環境に適しているし、その環境を考えれば、米国にとって賢い選択だろう」ということになるかと思います。

　2013年早春、物語を書き終え「日本国憲法審議の地」の石碑に戻ってきました。

　今、心に浮かんでくるのは、この timely and wise という言葉が、おそらく、プロローグで述べた白洲次郎とコールグローブの言葉を考える指標になるのだろうとい

う思いです。

　歴史は正誤、善悪の対象ではなく、それぞれの現場にいた当事者が、賢明に timely and wise な判断を心がけたことの積み重ねであり、それ以上でも以下でもありません。

　憲法を考えようという今、日本人として事実をよく見すえたうえで、timely and wise な判断ができるか、それが、今、私たちに課された大きな課題となるように思えてなりません。

　訪れる人も少ない「日本国憲法草案審議の地」の碑は今日も静かに佇むのみです。

あとがき

「私には、『日本人はルールを守りすぎて損をしていないか？』という抜きがたい思いがあります。ここで言う、"守りすぎ"とはルールの目的や意図を理解せず、ただルールを守るということです」。

これは、前著『なぜ欧米人は平気でルールを変えるのか －ルールメーキング論入門－』（ディスカヴァー刊）にある「はじめに」で述べた一説。以下、このように続いていきます。

「つまり、ルールそのものはよく知っていても、ルールの目的や意味を考えていなかったり、『ルールを作るのは自分の仕事じゃない』と言って、実状に合わないルールを改めることや、新しいルールを作ることに無関心であるということです」。

では、現行の日本国憲法についても、この提言が当てはまるだろうか。これが、本書の「はじめに」で述べた、「ルールはどのように作られるのか」の題材に憲法を取りあげ、ここまで筆を進めてきた思いです。

前述の『なぜ欧米人は平気でルールを変えるのか　－ルールメーキング論入門－』の中で、私はルール作りに参画するためのキー・ワードとして、「社益と公益」「社益・公益のバランス」「製品を作るようにルールを作る」の三つをあげましたが、それに対して「これでは具体的な指針にはならない」というご意見をかなりいただきました。
　大変申し訳なかったのですが、そんなご意見に対し、ルールメーキングの現場にいささか携わったことのある私としては、「『これだ！』という手法はないのです」とお答えするしかありませんでした。そして、その考えは今も変わっていません。

　理由は、ルールというのは、ルールメーカーたちの利害調整の結果に過ぎないという面があり、旧約聖書のモーセが天から「十戒」を授かるように明快なルールメーキングなどまずあり得ないからです。
　昨日まで懸命に守ってきたルールがある。しかし、偶然にもそのルールが作られる現場に行ってみると、それがいかにも安易に決められていたり、結局は、利害関係の錯綜するルールメーカーたちの利害調整の結果であったりする。こんなことは、思いのほかよくある話です。

あとがき

　ルールを守りすぎる嫌いのある日本人には、「ルールなんてそんなものだ」(「ルールを守るな」ということではありません)と心身脱落することも時に必要なのかもしれません。

　その意味で、「ルールはどのように作られるのか」の題材に日本国憲法を選んだのは、プロローグに登場したケネス・コールグローブの言う"timely and wise"であったのではないかと思います。

　物語に登場したルールメーカーたちは、それぞれが利害意識を持っている。それは、日米の利害対立という単純な図式で割り切れるものではなく、小さくは自身の保身や昇進であり、大きくは政党や陸軍といった組織、さらには、やはり勝者と敗者の国家利害が基になっている。そうした利害が1946年初頭という背景の中で、国家間は言うに及ばず、国家内でも衝突するという様相を呈しています。

　その中で、登場人物一人ひとり、つまり憲法というルール(憲法にはルールを超えた性格もあるとは思いますが)の作り手たちが、何を「公益」と考え、何を「私益」

と考えていたのか。それが、彼らそれぞれが演じた役割を決めています。

そして、彼らが、それぞれの抱く利害を衝突させ、さらに、懸命な調整を重ねます。もちろん、威嚇も妥協もありました。

そうした利害の調整の結果、生まれたのが現在の日本国憲法です。

憲法でなくてもかまいません。校則でも社内規定でも、さらには、マンションの管理規定でも自動車の税制でも良い。読者の皆さんがこれからルール作りに参画していく場合、誰もが、それぞれの利害を抱えて、松本国務相やホイットニー、白洲次郎やケーディスの役割を演じることになるはずです。

おそらくは喧々諤々の議論になるでしょう。しかし、ルールはそうやって決められていくものではないでしょうか。

くり返しになりますが、ルールメーキングに参画するにあたって「これだ！」というやり方はありません。

誤解を恐れずに言えば、ルールというのは、単に利害

あとがき

調整の産物であるかもしれず、決まったルールは守る必要があるにせよ、ルールそのものは神聖なものでも、命をかけて守るプリンシプルでもありません。「絶対のルールなど人間には生みだせない、それは神の領域だ」というのが欧米人の認識なのです。

ただ、じっくり考えたいのは、自分の置かれた立場で、何を「公益」、何を「社（私）益」と考えるかです。これが、ルールメーカーとしての一人ひとりの立ち位置を決めていく。

仮に、ルール作りに参画する指針があるとすれば、こうした認識ではないかと思います。

本書のテーマは、資料が豊富な反面、それらを集め、調べ、整理していくことにかなりの時間を要しました。そうした努力に免じて、もし、内容などに不備がありましたら、ご容赦のうえ、ご指摘をいただければ幸甚です。

本書が、前著に続く「ルールメーキング論　応用編」として、読者の皆さんのお役に立てるよう心より願っています。

2013年6月12日　筆者

参考文献

Ray A. Moore / Donald L. Robinson "Partners for Democracy" - Crafting the New Japanese State under MacArthur - Oxford University Press 2002
Courtney Whitney "MacArthur" - His Rendezvous with History - Alfred A. Knopf 1956
Inazo Nitobe "Bushido" - The Soul of Japan - Tuttle Publishing 1969

鈴木昭典『日本国憲法を生んだ密室の九日間』創元社　1995
須藤孝光『1946　白洲次郎と日本国憲法』新潮社　2010
鶴見紘『白洲次郎の日本国憲法』光文社　2007
白洲次郎『プリンシプルのない日本』新潮社　2006
青柳恵介『風の男　白洲次郎』新潮社　1997
北康利『白洲次郎　占領を背負った男』講談社　2005
白洲次郎　白洲正子　青柳恵介　牧山桂子　ほか
　『白洲次郎の流儀』新潮社　2004
北康利『吉田茂　ポピュリズムに背を向けて』講談社　2009
半藤一利『日本のいちばん長い日　−運命の八月十五日−』
　文藝春秋　1995
八木秀次『日本国憲法とは何か』ＰＨＰ研究所　2003
有沢広巳（監修）　安藤良雄ほか（編）『昭和経済史』
　日本経済新聞社　1994
猪木武徳『戦後世界経済史　−自由と平等の視点から−』
　中央公論新社　2009
司馬遼太郎『この国のかたち』文藝春秋　1990〜1996
司馬遼太郎『「昭和」という国家』日本放送出版協会　1999

北岡伸一『自民党　－政権党の38年－』中央公論新社　2008
袖井林二郎『マッカーサーの二千日』中央公論社　2003
手島郁郎『人生の詩篇　－手島郁郎　英詩講話－』手島郁郎文庫
　　1987
青木得三『おもいで　－青木得三自叙伝－』大蔵財務協会　1966
横尾道男（編集）Town Mook『マッカーサーと日本占領』
　　徳間書店　2012
横尾道男（編集）Town Mook『日本再起動　サンフランシスコ講
　　和条約の真実　～吉田茂と白洲二郎～』徳間書店　2013

〈ウェブサイト〉
『日本国憲法の誕生』国立国会図書館
　　http://www.ndl.go.jp/constitution/

画像出典

[p23] ja.wikipedia.org/wiki/幣原喜重郎
[p25] [p30] corbis/amanaimages
[p27] www.kansai-u.ac.jp/
[p28] Kyodonews/amanaimages
[p31] [p33] [p113] [p146] www.ndl.go.jp/constitution/
国立国会図書館デジタル化資料『日本国憲法の誕生』
より
[p37] commons.wikimedia.org/wiki/File:Schloss_Cecilienhof_017a.jpg
[p231] www.northwestern.edu/magazine/spring2013/campuslife/

資料
GHQ草案 1946年2月13日

以下は、ホイットニーの指揮の下、GHQ民政局によって作成され、2月13日の会談において日本側に提示されたGHQ草案の原文です（第4章参照）。日本語訳は、ほぼ、2月26日の閣議にて配布された当時のものです（第7章参照）。

CONSTITUTION OF JAPAN
日本国憲法

We, the Japanese People, acting through our duly elected representatives in the National Diet, determined that we shall secure for ourselves and our posterity the fruits of peaceful cooperation with all nations and the blessings of liberty throughout this land, and resolved that never again shall we be visited with the horrors of war through the action of government, do proclaim the sovereignty of the people's will and do ordain and establish this Constitution, founded upon the universal principle that government is a sacred trust the authority for which is derived from the people, the powers of which are exercised by the representatives of the people, and the benefits of which are enjoyed by the people; and we reject and revoke all constitutions, ordinances, laws and rescripts in conflict herewith.

我等日本国人民ハ、国民議会ニ於ケル正当ニ選挙セラレタル我等ノ代表者ヲ通シテ行動シ、我等自身及我等ノ子孫ノ為ニ諸国民トノ平和的協力及此ノ国全土ニ及フ自由ノ祝福ノ成果ヲ確保スヘク決心シ、且政府ノ行為ニ依リ再ヒ戦争ノ恐威ニ訪レラレサルヘク決意シ、茲ニ人民ノ意思ノ主権ヲ宣言シ、国政ハ其ノ権能ハ人民ヨリ承ケ其ノ権力ハ人民ノ代表者ニ依リ行使セラレ而シテ其ノ利益ハ人民ニ依リ享有セラルトノ普遍的原則ノ上ニ立ツ此ノ憲法ヲ制定確立ス、而シテ我等ハ此ノ憲法ト抵触スル一切ノ憲法、命令、法律及詔勅ヲ排斥及廃止ス

Desiring peace for all time and fully conscious of the high ideals controlling human relationship now stirring mankind, we have determined to rely for our security and survival upon the justice and good faith of the peace-loving peoples of the world. We desire to occupy an honored place in an international society designed and dedicated to the preservation of peace, and the banishment of tyranny and slavery, oppression and intolerance, for all time from the earth. We recognize and acknowledge that all peoples have the right to live in peace, free from fear and want.

我等ハ永世ニ亘リ平和ヲ希求シ且今ヤ人類ヲ揺リ動カシツツアル人間関係支配ノ高貴ナル理念ヲ満全ニ自覚シテ、我等ノ安全及生存ヲ維持スル為世界ノ平和愛好諸国民ノ正義ト信義トニ依倚センコトニ意ヲ固メタリ、我等ハ平和ノ維持並ニ横暴、奴隷、圧制及無慈悲ヲ永遠ニ地上ヨリ追放スルコトヲ主義方針トスル国際社会内ニ名誉ノ地位ヲ占メンコトヲ欲求ス、我等ハ万国民等シク恐怖ト欠乏ニ虐ケラルル憂ナク平和ノ裏ニ生存スル権利ヲ有スルコトヲ承認シ且之ヲ表白ス

We hold that no people is responsible to itself alone, but that laws of political morality are universal; and that obedience to such laws is incumbent upon all peoples who would sustain their own sovereignty and justify their sovereign relationship with other peoples.

我等ハ如何ナル国民モ単ニ自己ニ対シテノミ責任ヲ有スルニアラスシテ政治道徳ノ法則ハ普遍的ナリト信ス、而シテ斯ノ如キ法則ヲ遵奉スルコトハ自己ノ主権ヲ維持シ他国民トノ主権ニ基ク関係ヲ正義付ケントスル諸国民ノ義務ナリト信ス

To these high principles and purposes we, the Japanese People, pledge our national honor, determined will and full resources.

我等日本国人民ハ此等ノ尊貴ナル主義及目的ヲ我等ノ国民的名誉、決意及総力ニ懸ケテ誓フモノナリ

CHAPTER I　The Emperor
第一章　皇帝

Article I. The Emperor shall be the symbol of the State and of the Unity of the People, deriving his position from the sovereign will of the People, and from no other source.

第一条　皇帝ハ国家ノ象徴ニシテ又人民ノ統一ノ象徴タルヘシ彼ハ其ノ地位ヲ人民ノ主権意思ヨリ承ケ之ヲ他ノ如何ナル源泉ヨリモ承ケス

Article II. Succession to the Imperial Throne shall be dynastic and in accordance with such Imperial House Law as the Diet may enact.

第二条　皇位ノ継承ハ世襲ニシテ国会ノ制定スル皇室典範ニ依ルヘシ

Article III. The advice and consent of the Cabinet shall be required for all acts of the Emperor in matters of state, and the Cabinet shall be responsible therefor.

第三条　国事ニ関スル皇帝ノ一切ノ行為ニハ内閣ノ輔弼及協賛ヲ要ス而シテ内閣ハ之カ責任ヲ負フヘシ

The Emperor shall perform only such state functions as are provided for in this Constitution. He shall have no governmental powers, nor shall he assume nor be granted such powers.

皇帝ハ此ノ憲法ノ規定スル国家ノ機能ヲノミ行フヘシ彼ハ政治上ノ権限ヲ有セス又之ヲ把握シ又賦与セラルルコト無カルヘシ

The Emperor may delegate his functions in such manner as may be provided by law.

皇帝ハ其ノ機能ヲ法律ノ定ムル所ニ従ヒ委任スルコトヲ得

Article IV. When a regency is instituted in conformity with the provisions of such Imperial House Law as the Diet may enact, the duties of the Emperor shall be performed by the Regent in the name of the Emperor; and the limitations on the functions of the Emperor contained herein shall apply with equal force to the Regent.

第四条　国会ノ制定スル皇室典範ノ規定ニ従ヒ摂政ヲ置クトキハ皇帝ノ責務ハ摂政之ヲ皇帝ノ名ニ於テ行フヘシ而シテ此ノ憲法ニ定ムル所ノ皇帝ノ機能ニ対スル制限ハ摂政ニ対シ等シク適用セラルヘシ

Article V. The Emperor appoints as Prime Minister the person designated by the Diet.

第五条　皇帝ハ国会ノ指名スル者ヲ総理大臣ニ任命ス

Article VI. Acting only on the advice and with the consent of the Cabinet, the Emperor, on behalf of the people, shall perform the following state functions:

Affix his official seal to and proclaim all laws enacted by the Diet, all Cabinet orders, all amendments to this Constitution, and all treaties and international conventions;

第六条　皇帝ハ内閣ノ輔弼及協賛ニ依リテノミ行動シ人民ニ代リテ国家ノ左ノ機能ヲ行フヘシ即国会ノ制定スル一切ノ法律、一切ノ内閣命令、此ノ憲法ノ一切ノ改正並ニ一切ノ条約及国際規約ニ皇璽ヲ欽シテ之ヲ公布ス

Convoke sessions of the Diet;

Dissolve the Diet;

Proclaim general elections;

国会ヲ召集ス
国会ヲ解散ス
総選挙ヲ命ス

Attest the appointment or commission and resignation or dismissal of Ministers of State, ambassadors and those other state officials whose appointment or commission and resignation or dismissal may by law be attested in this manner;

Attest grants of amnesty, pardons, commutation of punishment, reprieves and rehabilitation;

Award honors;

Receive ambassadors and ministers of foreign States; and

Perform appropriate ceremonial functions.

国務大臣、大使及其ノ他国家ノ官吏ニシテ法律ノ規定ニ依リ其ノ任命又ハ嘱託及辞職又ハ免職カ此ノ方法ニテ公証セラルヘキモノノ任命又ハ嘱託及辞職又ハ免職ヲ公証ス

大赦、恩赦、減刑、執行猶予及復権ヲ公証ス

栄誉ヲ授与ス

外国ノ大使及公使ヲ受ク

適当ナル式典ヲ執行ス

Article VII. No grants of money or other property shall be made to the Imperial Throne, and no expenditures shall be made by the Imperial Throne, unless authorized by the Diet.

第七条 国会ノ許諾ナクシテハ皇位ニ金銭又ハ其ノ他ノ財産ヲ授与スルコトヲ得ス又皇位ハ何等ノ支出ヲ為スコトヲ得ス

CHAPTER II Renunciation of War
第二章　戦争ノ廃棄

Article VIII. War as a sovereign right of nation is abolished. The threat or use of force is forever renounced as a means for settling disputes with any other nation.

第八条 国民ノ一主権トシテノ戦争ハ之ヲ廃止ス他ノ国民トノ紛争解決ノ手段トシテノ武力ノ威嚇又ハ使用ハ永久ニ之ヲ廃棄ス

No army, navy, air force, or other war potential will ever be authorized and no rights of belligerency will ever be conferred upon the State.

陸軍、海軍、空軍又ハ其ノ他ノ戦力ハ決シテ許諾セラルルコト無カル

資料　GHQ草案1946年2月13日

ヘク又交戦状態ノ権利ハ決シテ国家ニ授与セラルルコト無カルヘシ

CHAPTER III Rights and Duties of the People
第三章　人民ノ権利及義務

Article IX. The people of Japan are entitled to the enjoyment without interference of all fundamental human rights.

第九条　日本国ノ人民ハ何等ノ干渉ヲ受クルコト無ク一切ノ基本的人権ヲ享有スル権利ヲ有ス

Article X. The fundamental human rights by this Constitution guaranteed to the people of Japan result from the age-old struggle of man to be free. They have survived the exacting test for durability in the crucible of time and experience, and are conferred upon this and future generations in sacred trust, to be held for all time inviolate.

第十条　此ノ憲法ニ依リ日本国ノ人民ニ保障セラルル基本的人権ハ人類ノ自由タラントスル積年ノ闘争ノ結果ナリ時ト経験ノ坩堝ノ中ニ於テ永続性ニ対スル厳酷ナル試練ニ克ク耐ヘタルモノニシテ永世不可侵トシテ現在及将来ノ人民ニ神聖ナル委託ヲ以テ賦与セラルルモノナリ

Article XI. The freedoms, rights and opportunities enunciated by this Constitution are maintained by the eternal vigilance of the people and involve an obligation on the part of the people to prevent their abuse and to employ them always for the common good.

第十一条　此ノ憲法ニ依リ宣言セラルル自由、権利及機会ハ人民ノ不断ノ監視ニ依リ確保セラルルモノニシテ人民ハ其ノ濫用ヲ防キ常ニ之ヲ共同ノ福祉ノ為ニ行使スル義務ヲ有ス

Article XII. The feudal system of Japan shall cease. All Japanese by virtue of their humanity shall be respected as individuals. Their right to life, liberty and the pursuit of happiness within the limits of the general welfare shall be the supreme consideration of all law and of all governmental action.

第十二条 日本国ノ封建制度ハ終止スヘシ一切ノ日本人ハ其ノ人類タルコトニ依リ個人トシテ尊敬セラルヘシ一般ノ福祉ノ限度内ニ於テ生命、自由及幸福探求ニ対スル其ノ権利ハ一切ノ法律及一切ノ政治ノ行為ノ至上考慮タルヘシ

Article XIII. All natural persons are equal before the law. No discrimination shall be authorized or tolerated in political, economic or social relations on account of race, creed, sex, social status, caste or national origin.

第十三条 一切ノ自然人ハ法律上平等ナリ政治的、経済的又ハ社会的関係ニ於テ人種、信条、性別、社会的身分、階級又ハ国籍起源ノ如何ニ依リ如何ナル差別ノ待遇モ許容又ハ黙認セラルルコト無カルヘシ

No patent of nobility shall from this time forth embody within itself any national or civic power of government.

爾今以後何人モ貴族タルノ故ヲ以テ国又ハ地方ノ如何ナル政治的権力ヲモ有スルコト無カルヘシ

No rights of peerage except those of the Imperial dynasty shall extend beyond the lives of those now in being.

皇族ヲ除クノ外貴族ノ権利ハ現存ノ者ノ生存中ヲ限リ之ヲ廃止ス

No special privilege shall accompany any award of honor, decoration or other distinction; nor shall any such award be valid beyond the lifetime of the individual who now holds or hereafter may receive it.

栄誉、勲章又ハ其ノ他ノ優遇ノ授与ニハ何等ノ特権モ附随セサルヘシ又右ノ授与ハ現ニ之ヲ有スル又ハ将来之ヲ受クル個人ノ生存中ヲ限リ其ノ効力ヲ失フヘシ

Article XIV. The people are the ultimate arbiters of their government and of the Imperial Throne. They have the inalienable right to choose their public officials and to dismiss them.

第十四条　人民ハ其ノ政府及皇位ノ終局的決定者ナリ彼等ハ其ノ公務員ヲ選定及罷免スル不可譲ノ権利ヲ有ス

All public officials are servants of the whole community and not of any special groups.

一切ノ公務員ハ全社会ノ奴僕ニシテ如何ナル団体ノ奴僕ニモアラス

In all elections, secrecy of the ballot shall be kept inviolate, nor shall any voter be answerable, publicly or privately, for the choice he has made.

有ラユル選挙ニ於テ投票ノ秘密ハ不可侵ニ保タルヘシ選挙人ハ其ノ選択ニ関シ公的ニモ私的ニモ責ヲ問ハルルコト無カルヘシ

Article XV. Every person has the right of peaceful petition for the redress of grievances for the removal of public officials and for the enactment, repeal or amendment of laws, ordinances or regulations; nor shall any person be in any way discriminated against for sponsoring such a petition.

第十五条　何人モ損害ノ救済、公務員ノ罷免及法律、命令又ハ規則ノ制定、廃止又ハ改正ニ関シ平穏ニ請願ヲ為ス権利ヲ有ス又何人モ右ノ如キ請願ヲ主唱シタルコトノ為ニ如何ナル差別的待遇ヲモ受クルコト無カルヘシ

Article XVI. Aliens shall be entitled to the equal protection of law.

第十六条　外国人ハ平等ニ法律ノ保護ヲ受クル権利ヲ有ス

Article XVII. No person shall be held in enslavement, serfdom or bondage of any kind. Involuntary servitude, except as a punishment for crime, is prohibited.

第十七条 何人モ奴隷、農奴又ハ如何ナル種類ノ奴隷役務ニ服セシメラルルコト無カルヘシ犯罪ノ為ノ処罰ヲ除クノ外本人ノ意思ニ反スル服役ハ之ヲ禁ス

Article XVIII. Freedom of thought and conscience shall be held inviolable.

第十八条 思想及良心ノ自由ハ不可侵タルヘシ

Arlicle XIX. Freedom of religion is guaranteed to all. No religious organization shall receive special privileges from the State, nor exercise political authority.

第十九条 宗教ノ自由ハ何人ニモ保障セラル如何ナル宗教団体モ国家ヨリ特別ノ特権ヲ受クルコト無カルヘク又政治上ノ権限ヲ行使スルコト無カルヘシ

No person shall be compelled to take part in any religious acts, celebrations, rites or practices.

何人モ宗教的ノ行為、祝典、式典又ハ行事ニ参加スルコトヲ強制セラレサルヘシ

The State and its organs shall refrain from religious education or any other religious activity.

国家及其ノ機関ハ宗教教育又ハ其ノ他如何ナル宗教的ノ活動ヲモ為スヘカラス

Article XX. Freedom of assembly, speech and press and all other forms of expression are guaranteed. No censorship shall be maintained, nor shall the secrecy of any means of communication be violated.

第二十条 集会、言論及定期刊行物並ニ其ノ他一切ノ表現形式ノ自由ヲ保障ス検閲ハ之ヲ禁シ通信手段ノ秘密ハ之ヲ犯ス可カラス

Article XXI. Freedom of association, movement and choice of abode are guaranteed to every person to the extent they do not conflict with the general welfare.

第二十一条 結社、運動及住居選定ノ自由ハ一般ノ福祉ト抵触セサル範囲内ニ於テ何人ニモ之ヲ保障ス

All persons shall be free to emigrate and to change their nationality.

何人モ外国ニ移住シ又ハ国籍ヲ変更スル自由ヲ有ス

Article XXII. Academic freedom and choice of occupation are guaranteed.

第二十二条 学究上ノ自由及職業ノ選択ハ之ヲ保障ス

Article XXIII. The family is the basis of human society and its traditions for good or evil permeate the nation. Marriage shall rest upon the indisputable legal and social equality of both sexes, founded upon mutual consent instead of parental coercion, and maintained through cooperation instead of male domination. Laws contrary to these principles shall be abolished, and replaced by others viewing choice of spouse, property rights, inheritance, choice of domicile, divorce and other matters pertaining to marriage and the family from the standpoint of individual dignity and the essential equality of the sexes.

第二十三条 家族ハ人類社会ノ基底ニシテ其ノ伝統ハ善カレ悪シカレ国民ニ滲透ス婚姻ハ男女両性ノ法律上及社会上ノ争乎可カラサル平等ノ上ニ存シ両親ノ強要ノ代リニ相互同意ノ上ニ基礎ツケラレ且男性支配ノ代リニ協力ニ依リ維持セラルヘシ此等ノ原則ニ反スル諸法律ハ廃止セラレ配偶ノ選択、財産権、相続、住所ノ選定、離婚並ニ婚姻及家族ニ関スル其ノ他ノ事項ヲ個人ノ威厳及両性ノ本質ニ立脚スル他ノ法律ヲ以テ之ニ代フヘシ

Article XXIV. In all spheres of life, laws shall be designed for the promotion and extension of social welfare, and of freedom, justice and democracy.

第二十四条　有ラユル生活範囲ニ於テ法律ハ社会的福祉、自由、正義及民主主義ノ向上発展ノ為ニ立案セラルヘシ

Free, universal and compulsory education shall be established.

自由、普遍的且強制的ナル教育ヲ設立スヘシ

The exploitation of children shall be prohibited.

児童ノ私利的酷使ハ之ヲ禁止スヘシ

The public health shall be promoted.

公共衛生ヲ改善スヘシ

Social security shall be provided.

社会的安寧ヲ計ルヘシ

Standards for working conditions, wages and hours shall be fixed.

労働条件、賃銀及勤務時間ノ規準ヲ定ムヘシ

Article XXV. All men have the right to work.

第二十五条　何人モ働ク権利ヲ有ス

Article XXVI. The right of workers to organize and to bargain and act collectively is guaranteed.

第二十六条　労働者カ団結、商議及集団行為ヲ為ス権利ハ之ヲ保障ス

Article XXVII. The right to own property is inviolable, but property rights shall be defined by law, in conformity with the public welfare.

第二十七条　財産ヲ所有スル権利ハ不可侵ナリ然レトモ財産権ハ公共ノ福祉ニ従ヒ法律ニ依リ定義セラルヘシ

Article XXVIII. The ultimate fee to the land and to all natural resources reposes in the State as the collective representative of the people.

第二十八条　土地及一切ノ天然資源ノ究極的所有権ハ人民ノ集団的代表者トシテノ国家ニ帰属ス

Land and other natural resources are subject to the right of the State to take them, upon just compensation therefor, for the purpose of securing and promoting the conservation, development, utilization and control thereof.

国家ハ土地又ハ其ノ他ノ天然資源ヲ其ノ保存、開発、利用又ハ管理ヲ確保又ハ改善スル為ニ公正ナル補償ヲ払ヒテ収用スルコトヲ得

Article XXIX. Ownership of property imposes obligations. Its use shall be in the public good. Private property may be taken by the State for public use upon just compensation therefor.

第二十九条　財産ヲ所有スル者ハ義務ヲ負フ其ノ使用ハ公共ノ利益ノ為タルヘシ国家ハ公正ナル補償ヲ払ヒテ私有財産ヲ公共ノ利益ノ為ニ収用スルコトヲ得

Article XXX. No person shall be apprehended except upon warrant issued by a competent officer of a court of law specifying the offense upon which the person is charged, unless he is apprehended while committing a crime.

第三十条　何人モ裁判所ノ当該官吏カ発給シ訴追ノ理由タル犯罪ヲ明示セル逮捕状ニ依ルニアラスシテ逮捕セラルルコト無カルヘシ但シ犯罪ノ実行中ニ逮捕セラルル場合ハ此ノ限ニ存ラス

Article XXXI. No person shall be arrested or detained without being at once informed of the charges against him nor without the immediate privilege of counsel; he shall not be held incommunicado; he shall not be detained without adequate cause; and upon demand of any person such cause must be immediately shown in open court in his presence and the presence of his counsel.

第三十一条 何人モ訴追ノ趣旨ヲ直チニ告ケラルルコト無ク又ハ直チニ弁護人ヲ依頼スル特権ヲ与ヘラルルコト無クシテ逮捕又ハ拘留セラレサルヘシ何人モ監禁セラルルコト無カルヘシ何人モ適当ナル理由無クシテ拘留セラレサルヘシ要求アルトキハ右理由ハ公開廷ニテ本人及其ノ弁護人ノ面前ニ於テ直チニ開示セラルヘシ

Article XXXII. No person shall be deprived of life or liberty, nor shall any criminal penalty be imposed, except according to procedures established by the Diet, nor shall any person be denied the right of appeal to the courts.

第三十二条 何人モ国会ノ定ムル手続ニ依ルニアラサレハ其ノ生命若ハ自由ヲ奪ハレ又ハ刑罰ヲ科セラルルコト無カルヘシ又何人モ裁判所ニ上訴ヲ提起スル権利ヲ奪ハルルコト無カルヘシ

Article XXXIII. The right of the people to be secure in their persons, homes, papers and effects against entries, searches and seizures shall not be impaired except upon judicial warrant issued only for probable cause, and particularly describing the place to be searched and the person or things to be seized.

第三十三条 人民カ其ノ身体、家庭、書類及所持品ニ対シ侵入、捜索及押収ヨリ保障セラルル権利ハ相当ノ理由ニ基キテノミ発給セラレ殊ニ捜索セラルヘキ場所及拘禁又ハ押収セラルヘキ人又ハ物ヲ表示セル司法逮捕状ニ依ルニアラスシテ害セラルルコト無カルヘシ

Each search or seizure shall be made upon separate warrant issued for the purpose by a competent officer of a court of law.

各捜索又ハ拘禁若ハ押収ハ裁判所ノ当該官吏ノ発給セル格別ノ逮捕状ニ依リ行ハルヘシ

Article XXXIV. The infliction of torture by any public officer is absolutely forbidden.

第三十四条　公務員ニ依ル拷問ハ絶対ニ之ヲ禁ス

Article XXXV. Excessive bail shall not be required, nor cruel or unusual punishments inflicted.

第三十五条　過大ナル保釈金ヲ要求スヘカラス又残虐若ハ異常ナル刑罰ヲ科スヘカラス

Article XXXVI. In all criminal cases the accused shall enjoy the right to a speedy and public trial by an impartial tribunal.

第三十六条　一切ノ刑事訴訟事件ニ於テ被告人ハ公平ナル裁判所ノ迅速ナル公判ヲ受クル権利ヲ享有スヘシ

He shall be permitted full opportunity to cross-examine all witnesses, and he shall have the right of compulsory process for obtaining witnesses on his behalf at public expense.

刑事被告人ハ一切ノ証人ヲ反対訊問スル有ラユル機会ヲ与ヘラルヘク又自己ノ為ノ証人ヲ公費ヲ以テ獲得スル強制的手続ニ対スル権利ヲ有スヘシ

At all times the accused shall have the assistance of competent counsel who shall, if the accused be unable to secure the same by his own efforts, be assigned to his use by the government.

被告人ハ常ニ資格アル弁護人ヲ依頼シ得ヘク若シ自己ノ努力ニ依リ弁護人ヲ得ル能ハサルトキハ政府ニ依リ弁護人ヲ附添セラルヘシ

Article XXXVII. No person shall be declared guilty of a crime except by a court of competent jurisdiction.

第三十七条　何人モ管轄権有ル裁判所ニ依ルニアラサレハ有罪ト宣言セラルルコト無カルヘシ

No person shall be twice placed in jeopardy for the same offense.

何人モ同一ノ犯罪ニ因リ再度厄ニ遭フコト無カルヘシ

Article XXXVIII. No person shall be compelled to testify against himself.

第三十八条　何人モ自己ニ不利益ナル証言ヲ為スコトヲ強要セラレサルヘシ

No confession shall be admitted in evidence if made under compulsion, torture or threat, or after prolonged arrest or detention.

自白ハ強制、拷問若ハ脅迫ノ下ニ為サレ又ハ長期ニ亘ル逮捕若ハ拘留ノ後ニ為サレタルトキハ証拠トシテ許容セラレサルヘシ

No person shall be convicted or punished in cases where the only proof against him is his own confession.

何人モ其ノ為ニ不利益ナル唯一ノ証拠カ其ノ自白ナル場合ニハ有罪ト決定又ハ処罰セラレサルヘシ

Article XXXIX. No person shall be held criminally liable for an act lawful at the time it was committed.

第三十九条　何人モ実行ノ時ニ於テ合法ナリシ行為ニ因リ刑罰ヲ科セラルルコト無カルヘシ

CHAPTER IV　The Diet
第四章　国会

Article XL. The Diet shall be the highest organ of state

power and shall be the sole law-making authority of the State.
　第四十条　国会ハ国家ノ権力ノ最高ノ機関ニシテ国家ノ唯一ノ法律制定機関タルヘシ

Article XLI. The Diet shall consist of one House of elected representatives with a membership of not less than 300 nor more than 500.
　第四十一条　国会ハ三百人ヨリ少カラス五百人ヲ超エサル選挙セラレタル議員ヨリ成ル単一ノ院ヲ以テ構成ス

Article XLII. The qualifications of electors and of candidates for election to the Diet shall be determined by law, and in determining such qualifications there shall be no discrimination because of sex, race, creed, color or social status.
　第四十二条　選挙人及国会議員候補者ノ資格ハ法律ヲ以テ之ヲ定ムヘシ而シテ右資格ヲ定ムルニ当リテハ性別、人種、信条、皮膚色又ハ社会上ノ身分ニ因リ何等ノ差別ヲ為スヲ得ス

Article XLIII. Members of the Diet shall receive adequate compensation from the national treasury as determined by law.
　第四十三条　国会議員ハ国庫ヨリ法律ノ定ムル適当ノ報酬ヲ受クヘシ

Article XLIV. Members of the Diet shall in all cases, except those specified by law, be free from arrest while attending the sessions of the Diet or while travelling to and from such sessions; and for any speech, debate, or vote in the Diet, they shall not be held legally liable elsewhere.
　第四十四条　国会議員ハ法律ノ規定スル場合ヲ除クノ外如何ナル場合ニ於テモ国会ノ議事ニ出席中又ハ之ニ出席スル為ノ往復ノ途中ニ於テ逮捕セラルルコト無カルヘク又国会ニ於ケル演説、討論又ハ投票ニ因リ国会以外ニ於テ法律上ノ責ヲ問ハルルコト無カルヘシ

Article XLV. The term of the members shall be four years, but it may be terminated at an earlier date by dissolution of the Diet as provided herein.

第四十五条 国会議員ノ任期ハ四年トス然レトモ此ノ憲法ノ規定スル国会解散ニ因リ満期以前ニ終了スルコトヲ得

Article XLVI. The method of election, apportionment, and voting shall be determined by law.

第四十六条 選挙、任命及投票ノ方法ハ法律ニ依リ之ヲ定ムヘシ

Article XLVII. The Diet shall convene at least once in every year.

第四十七条 国会ハ少クトモ毎年一回之ヲ召集スヘシ

Article XLVIII. The Cabinet may call special sessions and shall do so on petition of not less than twenty per cent of the members of the Diet.

第四十八条 内閣ハ臨時議会ヲ召集スルコトヲ得国会議員ノ二割ヨリ少カラサル者ノ請願アリタルトキハ之ヲ召集スルコトヲ要ス

Article XLVIX. The Diet shall be the sole judge of the elections and the qualifications of its members. The denial of a seat to anyone who is certified to have been elected and whose right to the seat has been questioned shall require the vote of a majority of the members present.

第四十九条 国会ハ選挙及議員ノ資格ノ唯一ノ裁決者タルヘシ当選ノ証明ヲ有スルモ其ノ効力ニ疑アル者ノ当選ヲ拒否セントスルトキハ出席議員ノ多数決ニ依ルヲ要ス

資料　GHQ草案1946年2月13日

Article L. A quorum to transact business shall consist of not less than one-third of all the members. Except as otherwise provided herein all actions of the Diet shall be by majority vote of those present. In case of a tie the presiding officer shall cast the deciding vote.

第五十条　議事ヲ行フニ必要ナル定足数ハ議員全員ノ三分ノ一ヨリ少カラサル数トス此ノ憲法ニ規定スル場合ヲ除クノ外国会ノ行為ハ凡ヘテ出席議員ノ多数決ニ依ルヘシ可否同数ナルトキハ議長ノ決スル所ニ依ル

Article LI. The Diet shall choose its presiding officer and other officials. It may determine the rules of its proceedings, punish members for disorderly behavior and expel them. On a motion for expulsion of a member a vote of not less than two-thirds of the members present shall be required to effect such expulsion.

第五十一条　国会ハ議長及其ノ他役員ヲ選定スヘシ国会ハ議事規則ヲ定メ並ニ議員ヲ無秩序ナル行動ニ因リ処罰及除名スルコトヲ得議員除名ノ動議有リタル場合ニ之ヲ実行セントスルトキハ出席議員ノ三分ノ二ヨリ少カラサル者ノ賛成ヲ要ス

Article LII. No law shall be passed except by bill.

第五十二条　法律ハ法律案ニ依ルニアラサレハ之ヲ議決スルコトヲ得ス

Article LIII. The deliberations of the Diet shall be public, and no secret sessions shall be held. The Diet shall maintain and publish a record of its proceedings and this record shall be made available to the public. The individual votes of members on any question shall be recorded in the journal upon the demand of twenty per cent of those present.

第五十三条　国会ノ議事ハ之ヲ公開スヘク秘密会議ハ之ヲ開クコトヲ

得ス国会ハ其ノ議事ノ記録ヲ保存シ且発表スヘク一般公衆ハ此ノ記録ヲ入手シ得ヘシ出席議員二割ノ要求アルトキハ議題ニ対スル各議員ノ賛否ヲ議事録ニ記載スヘシ

Article LIV. The Diet shall have the power to conduct investigations, to compel the attendance and testimony of witnesses and the production of records, and to punish for refusal to comply.

第五十四条　国会ハ調査ヲ行ヒ証人ノ出頭及証言供述並ニ記録ノ提出ヲ強制シ且之ニ応セサル者ヲ処罰スル権限ヲ有スヘシ

Article LV. The Diet by a majority vote of those present shall designate the Prime Minister. The designation of a Prime Minister shall take precedence over all other business of the Diet.

第五十五条　国会ハ出席議員ノ多数決ヲ以テ総理大臣ヲ指定スヘシ総理大臣ノ指定ハ国会ノ他ノ一切ノ事務ニ優先シテ行ハルヘシ

The Diet shall establish the several Ministries of State.

国会ハ諸般ノ国務大臣ヲ設定スヘシ

Article LVI. The Prime Minister and the Ministers of State whether or not they hold seats in the Diet may at any time appear before that body for the purpose of presenting and arguing bills, and shall appear when required to answer interpellations.

第五十六条　総理大臣及国務大臣ハ国会ニ議席ヲ有スルト否トヲ問ハス何時ニテモ法律案ヲ提出シ討論スル目的ヲ以テ出席スルコトヲ得質問ニ答弁スルコトヲ要求セラレタルトキハ出席スヘシ

Article LVII. Within ten days after the passage of a resolution of non-confidence or the failure to pass a resolution of confidence by a majority of the total membership of the Diet, the Cabinet shall resign or order the Diet to dissolve. When the Diet has been ordered dissolved a special election of a new Diet shall be held not less than thirty days nor more than forty days after the date of dissolution. The newly elected Diet shall be convoked within thirty days after the date of election.

第五十七条 内閣ハ国会カ全議員ノ多数決ヲ以テ不信任案ノ決議ヲ通過シタル後又ハ信任案ヲ通過セサリシ後十日以内ニ辞職シ又ハ国会ニ解散ヲ命スヘシ国会カ解散ヲ命セラレタルトキハ解散ノ日ヨリ三十日ヨリ少カラス四十日ヲ超エサル期間内ニ特別選挙ヲ行フヘシ新タニ選挙セラレタル国会ハ選挙ノ日ヨリ三十日以内ニ之ヲ召集スヘシ

Article LVIII. The Diet shall constitute from among its members a court of impeachment to try members of the judiciary against whom removal proceedings have been instituted.

第五十八条 国会ハ忌避訴訟ノ被告タル司法官ヲ裁判スル為議員中ヨリ弾劾裁判所ヲ構成スヘシ

Article LIX. The Diet shall enact all laws necessary and proper to carry into execution the provisions of this Constitution.

第五十九条 国会ハ此ノ憲法ノ規定ヲ施行スル為必要ニシテ適当ナル一切ノ法律ヲ制定スヘシ

CHAPTER V   The Cabinet
第五章　内閣

Article LX. The executive power is vested in a Cabinet.

第六十条　行政権ハ内閣ニ帰属ス

Article LXI. The Cabinet consists of a Prime Minister, who is its head, and such other Ministers of State as may be authorized by the Diet.

第六十一条　内閣ハ其ノ首長タル総理大臣及国会ニ依リ授権セラルル其ノ他ノ国務大臣ヲ以テ構成ス

In the exercise of the executive power, the Cabinet is collectively responsible to the Diet.

内閣ハ行政権ノ執行ニ当リ国会ニ対シ集団的ニ責任ヲ負フ

Article LXII. The Prime Minister shall with the advice and consent of the Diet appoint Ministers of State.

第六十二条　総理大臣ハ国会ノ輔弼及協賛ヲ以テ国務大臣ヲ任命スヘシ

The Prime Minister may remove individual Ministers at will.

総理大臣ハ個々ノ国務大臣ヲ任意ニ罷免スルコトヲ得

Article LXIII. Whenever a vacancy occurs in the office of Prime Minister or upon the convening of a new Diet, the Cabinet shall collectively resign and a new Prime Minister shall be designated.

第六十三条　総理大臣欠員ト為リタルトキ又ハ新国会ヲ召集スルトキハ内閣ハ総辞職ヲ為スヘク新総理大臣指名セラルヘシ

Pending such designation, the Cabinet shall continue to perform its duties.

右指名アルマテハ内閣ハ其ノ責務ヲ行フヘシ

資料　GHQ草案1946年2月13日

Article LXIV. The Prime Minister introduces bills on behalf of the Cabinet, reports to the Diet on general affairs of State and the status of foreign relations, and exercises control and supervision over the several executive departments and agencies.

第六十四条　総理大臣ハ内閣ニ代リテ法律案ヲ提出シ一般国務及外交関係ヲ国会ニ報告シ並ニ行政府ノ各部及各支部ノ指揮及監督ヲ行フ

Article LXV. In addition to other executive responsibilities, the Cabinet shall:

Faithfully execute the laws and administer the affairs of State;

第六十五条　内閣ハ他ノ行政的責任ノホカ
法律ヲ忠実ニ執行シ国務ヲ管理スヘシ

Conduct foreign relation;

外交関係ヲ処理スヘシ

Conclude such treaties, international conventions and agreements with the consent of the Diet by prior authorization or subsequent ratification as it deems in the public interest;

公共ノ利益ト認ムル条約、国際規約及協定ヲ事前ノ授権又ハ事後ノ追認ニ依リ国会ノ協賛ヲ以テ締結スヘシ

Administer the civil service according to standards established by the Diet;

国会ノ定ムル規準ニ従ヒ内政事務ヲ処理スヘシ

Prepare and submit to the Diet an annual budget;

年次予算ヲ作成シテ之ヲ国会ニ提出スヘシ

Issue orders and regulations to carry out the provisions of this Constitution and the law, but no such order or regulation shall contain a penal provision; and

此ノ憲法及法律ノ規定ヲ実行スル為命令及規則ヲ発スヘシ然レトモ右命令又ハ規則ハ刑罰規定ヲ包含スヘカラス

Grant amnesty, pardon, commutation of punishment, reprieve and rehabilitation.

大赦、恩赦、減刑、執行猶予及復権ヲ賦与スヘシ

Article LXVI. The competent Minister of State shall sign and the Prime Minister shall countersign all acts of the Diet and executive orders.

第六十六条　一切ノ国会制定法及行政命令ハ当該国務大臣之ニ署名シ総理大臣之ニ副署スヘシ

Article LXVII. Cabinet Ministers shall not be subject to judicial process during their tenure of office without the consent of the Prime Minister, but no right of action shall be impaired by reason hereof.

第六十七条　内閣大臣ハ総理大臣ノ承諾無クシテ在任中訴追セラルルコト無カルヘシ然レトモ此ノ理由ニ因リ如何ナル訴権モ害セラルルコトナシ

CHAPTER VI　Judiciary
第六章　司法

Article LXVIII. A strong and independent judiciary being the bulwark of the people's rights, the whole judicial power is vested in a Supreme Court and in such inferior courts as the Diet shall from time to time establish.

第六十八条　強力ニシテ独立ナル司法府ハ人民ノ権利ノ堡塁ニシテ全司法権ハ最高法院及国会ノ随時設置スル下級裁判所ニ帰属ス

No extraordinary tribunal shall be established, nor shall any organ or agency of the Executive be given final judicial power.

特別裁判所ハ之ヲ設置スヘカラス又行政府ノ如何ナル機関又ハ支部ニモ最終的司法権ヲ賦与スヘカラス

All judges shall be independent in the exercise of their conscience and shall be bound only by this Constitution and the laws enacted pursuant thereto.

判事ハ凡ヘテ其ノ良心ノ行使ニ於テ独立タルヘク此ノ憲法及其レニ基キ制定セラルル法律ニノミ拘束セラルヘシ

Article LXIX. The Supreme Court is vested with the rule-making power under which it determines the rules of practice and of procedure, the admission of attorneys, the internal discipline of the courts, the administration of judicial affairs, and such other matters as may properly affect the free exercise of the judicial power.

第六十九条 最高法院ハ規則制定権ヲ有シ其レニ依リ訴訟手続規則、弁護士ノ資格、裁判所ノ内部規律、司法行政並ニ司法権ノ自由ナル行使ニ関係アル其ノ他ノ事項ヲ定ム

Public procurators shall be officers of the court and subject to its rule-making power.

検事ハ裁判所ノ職員ニシテ裁判所ノ規則制定権ニ服スヘシ

The Supreme Court may delegate the power to make rules for inferior courts to such courts.

最高法院ハ下級裁判所ノ規則ヲ制定スル権限ヲ下級裁判所ニ委任スルコトヲ得

Article LXX. Removals of judges shall be accomplished by public impeachment only and no disciplinary action shall be administered them by any executive organ or agency.

第七十条 判事ハ公開ノ弾劾ニ依リテノミ罷免スルコトヲ得行政機関又ハ支部ニ依リ懲戒処分ニ附セラルルコト無カルヘシ

Article LXXI. The Supreme Court shall consist of a chief justice and such number of associate justices as may be determined by the Diet. All such justices shall be appointed by the Cabinet and shall hold office during good behavior but not after the attainment of the age of 70 years, provided however that all such appointments shall be reviewed at the first general election held following the appointment and thereafter at every general election held immediately following the expiration of ten calendar years from the next prior confirmation. Upon a majority vote of the electorate not to retain the incumbent the office shall become vacant.

第七十一条 最高法院ハ首席判事及国会ノ定ムル員数ノ普通判事ヲ以テ構成ス右判事ハ凡ヘテ内閣ニ依リ任命セラレ不都合ノ所為無キ限リ満七十歳ニ到ルマテ其ノ職ヲ免セラルルコト無カルヘシ但シ右任命ハ凡ヘテ任命後最初ノ総選挙ニ於テ、爾後ハ次ノ先位確認後十暦年経過直後行ハルル総選挙ニ於テ、審査セラルヘシ若シ選挙民カ判事ノ罷免ヲ多数決ヲ以テ議決シタルトキハ右判事ノ職ハ欠員ト為ルヘシ

All such justices shall receive, at regular, stated intervals, adequate compensation which shall not be decreased during their terms of office.

右ノ如キ判事ハ凡ヘテ定期ニ適当ノ報酬ヲ受クヘシ報酬ハ任期中減額セラルルコト無カルヘシ

Article LXXII. The judges of the inferior courts shall be appointed by the Cabinet from a list which for each vacancy shall contain the names of at least two persons nominated by the Supreme Court. All such justices shall hold office for a term of ten years with privilege of reappointment and shall receive, at regular, stated intervals, adequate compensation which shall not be decreased during their terms of office. No judge shall hold office after attaining the age of 70 years.

第七十二条　下級裁判所ノ判事ハ各欠員ニ付最高法院ノ指名スル少クトモ二人以上ノ候補者ノ氏名ヲ包含スル表ノ中ヨリ内閣之ヲ任命スヘシ右判事ハ凡ヘテ十年ノ任期ヲ有スヘク再任ノ特権ヲ有シ定期ニ適当ノ報酬ヲ受クヘシ報酬ハ任期中減額セラルルコト無カルヘシ判事ハ満七十歳ニ達シタルトキハ退職スヘシ

Article LXXIII. The Supreme Court is the court of last resort. Where the determination of the constitutionality of any law, order, regulation or official act is in question, the judgment of the Supreme Court in all cases arising under or involving Chapter III of this Constitution is final; in all other cases where determination of the constitutionality of any law, ordinance, regulation or official act is in question, the judgment of the Court is subject to review by the Diet.

第七十三条　最高法院ハ最終裁判所ナリ法律、命令、規則又ハ官憲ノ行為ノ憲法上合法ナリヤ否ヤノ決定カ問題ト為リタルトキハ憲法第三章ニ基ク又ハ関聯スル有ラユル場合ニ於テハ最高法院ノ判決ヲ以テ最終トス法律、命令、規則又ハ官憲ノ行為ノ憲法上合法ナリヤ否ヤノ決定カ問題ト為リタル其ノ他ノ有ラユル場合ニ於テ国会最高法院ノ判決ヲ再審スルコトヲ得

A judgment of the Supreme Court which is subject to review may be set aside only by the concurring vote of two-thirds of the whole number of representatives of the Diet. The Diet shall establish rules of procedure for reviewing decisions of the Supreme Court.

再審ニ附スルコトヲ得ル最高法院ノ判決ハ国会議員全員ノ三分ノ二ノ賛成ヲ以テノミ之ヲ破棄スルコトヲ得国会ハ最高法院ノ判決ノ再審ニ関スル手続規則ヲ制定スヘシ

Article LXXIV. In all cases affecting ambassadors, ministers and consuls of foreign states, the Supreme Court has exclusive original jurisdiction.

第七十四条　外国ノ大使、公使及領事館ニ関係アル一切ノ事件ニ於テハ最高法院専属的原始管轄ヲ有ス

Article LXXV. Trials shall be conducted and judgment declared publicly. Where, however, a court unanimously determines publicity to be dangerous to public order or morals, a trial may be conducted privately, but trials of political offenses, offenses of the press, and cases wherein the rights of citizens as reserved in Chapter III of this Constitution are in question, shall be conducted publicly without exception.

第七十五条　裁判ハ公開廷ニ於テ行ヒ判決ハ公然言ヒ渡スヘシ然レトモ裁判所カ公開ヲ公ノ秩序又ハ善良ノ風俗ニ害有リト全員一致ヲ以テ決スルトキハ非公開ニテ裁判ヲ行フコトヲ得但シ政治的犯罪、定期刊行物ノ犯罪及此ノ憲法第三章ノ確保スル人民ノ権利カ問題ト為レル場合ニ於ケル裁判ハ例外ナク公開セラルヘシ

CHAPTER VII　Finance
第七章　財政

Article LXXVI. The power to levy taxes, borrow money, appropriate funds, issue and regulate the value of coins and currency shall be exercised through the Diet.

第七十六条　租税ヲ徴シ、金銭ヲ借入レ、資金ヲ使用シ並ニ硬貨及通貨ヲ発行シ及其ノ価格ヲ規整スル権限ハ国会ヲ通シテ行使セラルヘシ

Article LXXVII. No new taxes shall be imposed or existing ones modified except by action of the Diet or under such conditions as the Diet may prescribe.

資料　GHQ草案1946年2月13日

第七十七条　国会ノ行為ニ依リ又ハ国会ノ定ムル条件ニ依ルニアラサレハ新タニ租税ヲ課シ又ハ現行ノ租税ヲ変更スルコトヲ得ス

All taxes in effect at the time this Constitution is promulgated shall continue to be collected under existing regulations until changed or modified by the Diet.

此ノ憲法発布ノ時ニ於テ効力ヲ有スル一切ノ租税ハ現行ノ規則カ国会ニ依リ変更セラルルマテ引キ続キ現行ノ規則ニ従ヒ徴集セラルヘシ

Article LXXVIII. No contract shall be entered into in the absence of an appropriation therefor, nor shall the credit of the State be pledged except as authorized by the Diet.

第七十八条　充当スヘキ特別予算無クシテ契約ヲ締結スヘカラス又国会ノ承認ヲ得ルニアラサレハ国家ノ資産ヲ貸与スヘカラス

Article LXXIX. The Cabinet shall prepare and submit to the Diet an annual budget setting forth the complete government fiscal program for the next ensuing fiscal year, including all proposed expenditures, anticipated revenues and borrowings.

第七十九条　内閣ハ一切ノ支出計画並ニ歳入及借入予想ヲ含ム次期会計年度ノ全財政計画ヲ示ス年次予算ヲ作成シ之ヲ国会ニ提出スヘシ

Article LXXX. The Diet may disapprove, reduce, increase or reject any item in the budget or add new items.

第八十条　国会ハ予算ノ項目ヲ不承認、減額、増額若ハ却下シ又ハ新タナル項目ヲ追加スルコトヲ得

The Diet shall appropriate no money for any fiscal year in excess of the anticipated income for that period, including the proceeds of any borrowings.

国会ハ如何ナル会計年度ニ於テモ借入金額ヲ含ム同年度ノ予想歳入ヲ

超過スル金銭ヲ支出スヘカラス

Article LXXXI. In order to provide for unforeseen deficiencies in the budget a reserve fund may be authorized to be expended under the direct supervision of the Cabinet.

第八十一条　予期セサル予算ノ不足ニ備フル為ニ内閣ノ直接監督ノ下ニ支出スヘキ予備費ヲ設クルコトヲ許スコトヲ得

The Cabinet shall be held accountable to the Diet for all payments from the reserve fund.

内閣ハ予備費ヲ以テスル一切ノ支出ニ関シ内閣ニ対シ責任ヲ負フヘシ

Article LXXXII. All property of the Imperial Household, other than the hereditary estates, shall belong to the nation. The income from all Imperial properties shall be paid into the national treasury, and allowances and expenses of the Imperial Household , as defined by law, shall be appropriated by the Diet in the annual budget.

第八十二条　世襲財産ヲ除クノ外皇室ノ一切ノ財産ハ国民ニ帰属スヘシ一切ノ皇室財産ヨリスル収入ハ国庫ニ納入スヘシ而シテ法律ノ規定スル皇室ノ手当及費用ハ国会ニ依リ年次予算ニ於テ支弁セラルヘシ

Article LXXXIII. No public money or property shall be appropriated for the use, benefit or support of any system of religion, or religious institution or association, or for any charitable, educational or benevolent purposes not under the control of the State.

第八十三条　公共ノ金銭又ハ財産ハ如何ナル宗教制度、宗教団体若ハ社団ノ使用、利益若ハ支持ノ為又ハ国家ノ管理ニ服サザル如何ナル慈善、教育若ハ博愛ノ為ニモ、充当セラルルコト無カルヘシ

Article LXXXIV. A final audit of all expenditures and revenues of the Sate shall be made annually by a board of audit and submitted by the Cabinet to the Diet during the fiscal year immediately following the period covered.

第八十四条　会計検査院ハ毎年国家ノ一切ノ支出及歳入ノ最終的会計検査ヲ為シ内閣ハ次年度中ニ之ヲ国会ニ提出スヘシ

The organization and competency of the board of audit shall be determined by the Diet.

会計検査院ノ組織及権限ハ国会之ヲ定ムヘシ

Article LXXXV. At regular intervals and at least annually the Cabinet shall report to the Diet and the people on the state of public finances.

第八十五条　内閣ハ定期ニ且少クトモ毎年財政状態ヲ国会及人民ニ報告スヘシ

CHAPTER VIII　Local Government
第八章　地方政治

Article LXXXVI. The governors of prefectures, the mayors of cities and towns and the chief executive officers of all other subordinate bodies politic and corporate having taxing power, the members of prefectural and local legislative assemblies, and such other prefectural and local officials as the Diet may determine, shall be elected by direct popular vote within their several communities.

第八十六条　府県知事、市長、町長、徴税権ヲ有スル其ノ他ノ一切ノ下級自治体及法人、府県及地方議会並ニ国会ノ定ムル其ノ他ノ府県及地方役員ハ夫レ夫レ其ノ社会内ニ於テ直接普遍選挙ニ依リ選挙セラルヘシ

Article LXXXVII. The inhabitants of metropolitan areas, cities and towns shall be secure in their right to manage their property, affairs and government and to frame their own charters within such laws as the Diet may enact.

　第八十七条　首都地方、市及町ノ住民ハ彼等ノ財産、事務及政治ヲ処理シ並ニ国会ノ制定スル法律ノ範囲内ニ於テ彼等自身ノ憲章ヲ作成スル権利ヲ奪ハルルコト無カルヘシ

Article LXXXVIII. The Diet shall pass no local or special act applicable to a metropolitan area, city or town where a general act can be made applicable, unless it be made subject to the acceptance of a majority of the electorate of such community.

　第八十八条　国会ハ一般法律ノ適用セラレ得ル首都地方、市又ハ町ニ適用セラルヘキ地方ノ又ハ特別ノ法律ヲ通過スヘカラス但シ右社会ノ選挙民ノ大多数ノ受諾ヲ条件トスルトキハ此ノ限ニ在ラス

CHAPTER IX　　Amendments
第九章　改正

Article LXXXIX. Amendments to this Constitution shall be initiated by the Diet, through a concurring vote of two-thirds of all its members, and shall thereupon be submitted to the people for ratification, which shall require the affirmative vote of a majority of all votes cast thereon at such election as the Diet shall specify.

　第八十九条　此ノ憲法ノ改正ハ議員全員ノ三分ノ二ノ賛成ヲ以テ国会之ヲ発議シ人民ニ提出シテ承認ヲ求ムヘシ人民ノ承認ハ国会ノ指定スル選挙ニ於テ賛成投票ノ多数決ヲ以テ之ヲ為スヘシ

Amendments when so ratified shall immediately be proclaimed by the Emperor, in the name of the People, as an integral part of this Constitution.

　右ノ承認ヲ経タル改正ハ直ニ此ノ憲法ノ要素トシテ人民ノ名ニ於テ皇

帝之ヲ公布スヘシ

CHAPTER X　Supreme Law
第十章　至上法

Article XC. This Constitution and the laws and treaties made in pursuance hereof shall be the supreme law of the nation, and no public law or ordinance and no imperial rescript or other governmental act, or part thereof, contrary to the provisions hereof shall have legal force or validity.

第九十条　此ノ憲法並ニ之ニ基キ制定セラルル法律及条約ハ国民ノ至上法ニシテ其ノ規定ニ反スル公ノ法律若ハ命令及詔勅若ハ其ノ他ノ政府ノ行為又ハ其ノ部分ハ法律上ノ効力ヲ有セサルヘシ

Article XCI. The Emperor, upon succeeding to the Throne, and the Regent, Ministers of State, Members of the Diet, Members of the Judiciary and all other public officers upon assuming office, shall be bound to uphold and protect this Constitution.

第九十一条　皇帝皇位ニ即キタルトキ並ニ摂政、国務大臣、国会議員、司法府員及其ノ他ノ一切ノ公務員其ノ官職ニ就キタルトキハ、此ノ憲法ヲ尊重擁護スル義務ヲ負フ

All public officials duly holding office when this Constitution takes effect shall likewise be so bound and shall remain in office until their successors are elected or appointed.

此ノ憲法ノ効力発生スル時ニ於テ官職ニ在ル一切ノ公務員ハ右ト同様ノ義務ヲ負フヘク其ノ後任者ノ選挙又ハ任命セラルルマテ官職ニ止マルヘシ

CHAPTER XI Ratification
第十一章　承認

Article XCII. This Constitution shall be established when ratified by the Diet by roll-call vote of two-thirds of the members present.

第九十二条　此ノ憲法ハ国会カ出席議員三分ノ二ノ氏名点呼ニ依リ承認セラレタル時ニ於テ確立スヘシ

Upon ratification by the Diet, the Emperor shall immediately proclaim, in the name of the People, that this Constitution has been established as the supreme law of the nation.

　国会ノ承認ヲ得タルトキハ皇帝ハ此ノ憲法カ国民ノ至上法トシテ確立セラレタル旨ヲ人民ノ名ニ於テ直ニ宣布スヘシ

ディスカヴァー携書 104

原典から読み解く日米交渉の舞台裏
日本国憲法はどう生まれたか？

発行日　2013年7月5日　第1刷

Author	青木高夫　　Assistant　村山恵子
Book Designer	石間淳
Publication	株式会社ディスカヴァー・トゥエンティワン 〒102-0093　東京都千代田区平河町2-16-1 平河町森タワー11F TEL　03-3237-8321　（代表） FAX　03-3237-8323 http://www.d21.co.jp
Publisher	干場弓子
Editor	原典宏
Marketing Group Staff	小田孝文　中澤泰宏　片平美惠子　井筒浩　千葉潤子　飯田智樹 佐藤昌幸　谷口奈緒美　山中麻吏　西川なつか　古矢薫　伊藤利文 米山健一　原大士　郭迪　蛯原昇　中山大祐　林拓馬　野村知哉 安永智洋　鍋田匠伴　榊原僚　佐竹祐哉　塔下太朗　廣内悠理 松石悠
Assistant Staff	俵敬子　町田加奈子　丸山香織　小林里美　井澤徳子　橋詰悠子 藤井多穗子　藤井かおり　福岡理恵　葛目美枝子　田口麻弓 小泉和日　皆川愛
Operation Group Staff	吉澤道子　松尾幸政　福永友紀
Assistant Staff	竹内恵子　古後利佳　熊谷芳美　清水有基栄　小松里絵　川井栄子 伊藤由美　石渡素子
Productive Group Staff	藤田浩芳　千葉正幸　林秀樹　石塚理恵子　三谷祐一 石橋和佳　大山聡介　德瑠里香　堀部直人　井上慎平 田中亜紀　大竹朝子　堂山優子　山﨑あゆみ　本田千春　伍佳妮 リーナ・バールカート
Digital Communication Group Staff	小関勝則　中村郁子　松原史与志
Proofreader	文字工房燦光
DTP	アーティザンカンパニー
Printing	凸版印刷株式会社

定価はカバーに表示してあります。本書の無断転載・複写は、著作権法上での例外を除き禁じられています。インターネット、モバイル等の電子メディアにおける無断転載ならびに第三者によるスキャンやデジタル化もこれに準じます。
乱丁・落丁本は小社「不良品交換係」までお送りください。送料小社負担にてお取り換えいたします。

ISBN978-4-7993-1354-1　　　　　　　　　　　　携書ロゴ：長坂勇司
© Takao Aoki, 2013, Printed in Japan.　　　　　携書フォーマット：石間淳